国家社会科学基金重大项目"扩大中国金融业双向开放的关键问题研究"(15ZDC020)资助
国家统计局重点项目"重大突发事件下非常规冲击的统计监测与数据管理研究"(2020LZ24)资助

数字人民币(DC/EP)
对人民币国际化的影响

沈春明◎著　The Impact of Digital Currency
　　　　　　　Electronic Payment (DC/EP)
　　　　　　　on Internationalization of RMB

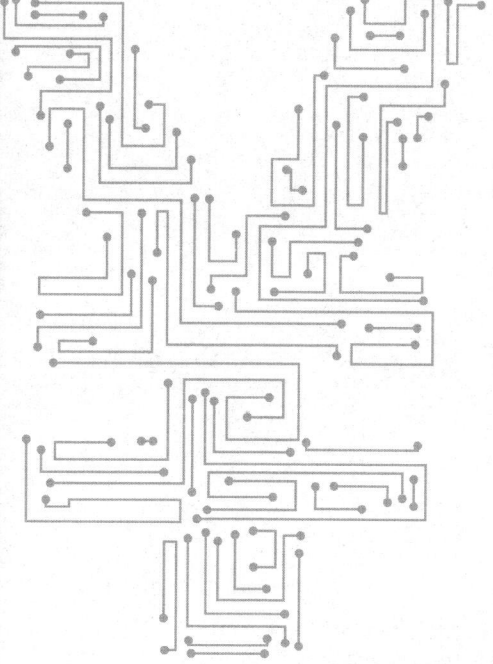

中国经济出版社
CHINA ECONOMIC PUBLISHING HOUSE
北京

图书在版编目（CIP）数据

数字人民币（DC/EP）对人民币国际化的影响／沈春明著．--北京：中国经济出版社，2023.5
ISBN 978-7-5136-7334-1

Ⅰ．①数⋯ Ⅱ．①沈⋯ Ⅲ．①人民币-数字货币-影响-人民币-金融国际化-研究 Ⅳ．①F822

中国国家版本馆 CIP 数据核字（2023）第 095727 号

责任编辑　贺　静
责任印制　马小宾
封面设计　久品轩

出版发行　中国经济出版社
印　刷　者　北京柏力行彩印有限公司
经　销　者　各地新华书店
开　　　本　710mm×1000mm　1/16
印　　　张　14.25
字　　　数　204 千字
版　　　次　2023 年 5 月第 1 版
印　　　次　2023 年 5 月第 1 次
定　　　价　89.00 元

广告经营许可证　京西工商广字第 8179 号

中国经济出版社 网址 www.economyph.com 社址 北京市东城区安定门外大街 58 号 邮编 100011
本版图书如存在印装质量问题，请与本社销售中心联系调换（联系电话：010-57512564）

版权所有　盗版必究（举报电话：010-57512600）
国家版权局反盗版举报中心（举报电话：12390）　服务热线：010-57512764

院士寄语

金融是现代经济的血液,央行数字货币是数字经济的血液、加快发展数字经济的重要引擎,数字人民币对中国经济的高质量发展具有重要推动和支撑作用。在此大背景下,《数字人民币(DC/EP)对人民币国际化的影响》一书的出版恰逢其时,兼具理论与实践、定性与定量分析,既对学界的学者具有一定的研究借鉴意义,又对业界从业者具有重要的实践指导作用。

十三届全国政协常委,北京市政协副主席、中国科学院院士、
发展中国家科学院院士、北京大学教授

2023 年 5 月 25 日

全书在信息化与新业态方面具有独创性,值得阅读。数字人民币是我国金融改革的重要方向,值得持续研究。

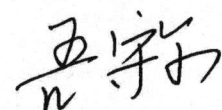

中国工程院院士,新疆大学教授、博士生导师

2023 年 5 月 26 日

使用数字人民币支付,极大地提高了支付的便捷性,节省了交易成本。就当前盛行的跨境电商交易而言,使用数字人民币支付跨境交易:一方面,消费者可以直接向交易对手用数字人民币进行支付,没有第三方的介入,保护了消费者隐私、个人信息安全、资金安全,降低了交易的资金成本、时间成本;另一方面,平台商的运营成本大为降低,成交速度快,交易量大大提升,收益大幅提升。对于整个使用数字人民币支付的跨境电商所在地而言,改善了该地资金自由流动、贸易自由便利、交易监管更加主动精准等营商环境,加速了该地国际化的进程,该地也为人民币的国际化提供了重要支撑。

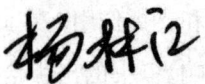

俄罗斯自然科学院院士、俄罗斯工程院院士、

国际院士大会组委会主席、国际院士产业园首席科学家、

国家 863 高技术项目专家组长、中国科协九大代表

2023 年 5 月 26 日

人民币国际化,前期研究较多基于定性视角展开分析,尽管现有研究尝试从定量视角予以探索,但在数字人民币快速试点的现实背景下,鲜有研究系统考察数字人民币(DC/EP)对人民币国际化的影响,本书具有重要价值。

国际欧亚科学院院士、中国财政学会投融资专家委员会委员、

国合华夏城市规划研究院研究员

2023 年 5 月 9 日

序 言

数字化趋势大潮不可逆,数字人民币试点的一举一动,广受学术界关注与热议。可以预见,随着现实中数字人民币的应用场景日趋扩大,使用量加速增长,目前已经进入加紧国际布局的战略关键期,迫切需要系统深入的理论研究、实践观察与学术探索。本书系统分析了全球"法定数字货币的产生和发展"代表国家的进展情况,力图能最大限度地阐释国际货币流通领域的一场重要变革。

本书在当前世界各国央行数字货币蓄势待发之际,通过理论推演、模型构建、实验验证、现实案例分析等研究方法,系统详解央行数字货币对货币发行与运行、支付体系、货币政策的影响,对商业银行、金融稳定、金融监管等现有金融体系的影响,对世界金融体系格局及人民币国际化进程的影响,这一系统而扎实的研究,显得十分迫切和重要,拓宽了我们的视野。

本书在理论方面,将诸多纷繁复杂的数字货币问题、各种技术方案和理论设计回归到经济本质,研究直指金融理论与政策核心,从数字货币的属性、数字货币的功能等基本问题中寻找答案,预先研判数字货币未来发展演变的历史逻辑、经济逻辑、社会逻辑、技术逻辑,既清楚剖析了货币万变不离其宗的本质,又分析了数字货币、数字人民币的概念、范畴、形态、功能等在数字经济社会发展中的拓展,上升到国家管理金融调控经济的重要手段、国家发展战略的高度,做出系统、深刻、严谨的分析,研判央行数字货币的发展趋势和未来及其在经济社会中的地位、作用及影响。

本书的现实意义在于精准诠释各发达经济体央行对央行数字货币不

同的发展路径、央行数字货币对现有货币政策传导机制以及金融稳定性的影响。深入理论，融合实践，分析历史演进、梳理来龙去脉以及技术逻辑，给出了关于央行数字货币产生和发展的理论解释和现实逻辑判断，提供了一个通过数字货币理解数字时代的全新视角，提出了未来世界货币体系的演变态势，为把握数字人民币、央行数字货币稳定性等核心问题的发展走向，提供了理论支持。

本书兼具理论性、政策性与前瞻性，具有极大的研究难度。可供借鉴参考的文献资料与前期研究较少，尽管国内外围绕数字货币这一话题已展开广泛研究，但聚焦中央银行数字货币这一领域的专门性研究依然较为匮乏，需要对国内外理论研究文献与政策文件开展大量的梳理、翻译与提炼工作。本书研究素材、内容和观点具有前瞻的全球视野，体现了货币金融学界前沿的研究成果，高屋建瓴，别具一格，令人印象深刻。作者为国家决策提供了坚实的理论和学术支撑，持续为我们带来创新思想和深刻洞见。

本书研究主题新颖并具有重要的现实意义和深厚的政策价值，蕴含了作者坚实的国际金融背景知识和丰富的工作经历。本书涵盖诸多研究课题的成果，并将新的观点集合提炼，可谓思想与实践的承前启后，期待作者继续做出更大的努力和突破。

阎　雨　北京大学经济学院西南分院执行副院长
2022 年 11 月

前 言

自20世纪90年代以来，人民币国际化的演化成因和经济效应受到国内外学者的极大关注，目前，学术界主要从人民币国际化的影响因素、（先决）条件，到路径选择、风险应对等多个方面展开多层次研究。其中，对人民币国际化影响因素的研究相对丰富，既有宏观的路径规划，也有国际化路径中各变量的动态变化、影响因素；既有顶层制度设计，又有实践的风险防控手段；既有从结算、计价、投资到储备的职能递进方式，又有从周边、区域到国际化的地域范围扩张。需要特别提及的是，前期研究较多基于定性视角展开分析，尽管现有研究尝试从定量视角予以探索，但在数字人民币（Digital Currency and Electronic Payment，DC/EP，数字货币及电子支付）快速发展的现实背景下，鲜有研究系统考察数字人民币（DC/EP）对人民币国际化的影响。

伴随着全球经济、政治格局的快速变化，不同种类货币的国际地位也会出现明显的变化。特别是全球性的危机在导致经济发展不平衡的同时，也会在一定程度上削弱某些货币的国际地位，并给另外某些货币带来提升货币国际化地位的机遇。需要指出的是，在2008年的美国次贷危机期间及2009年的欧洲债务危机期间，人民币资产成为很多国家避险资产的选择，这在很大程度上助推了人民币国际化的进程。2016年10月1日被正式纳入SDR篮子（权重达10.92%，高于日元的8.33%和英镑的8.09%）之后，人民币国际化进程更是呈现出快速演化态势。然而有一点需要提及，人民币的国际地位与我国经济实力还存在严重的不匹配现象。一方面，在国际货币地位方面：①作为支付货币，美元占全球的38.4%，居全球第一位，而人民币仅占2.2%（2021年2月数据）。

②作为储备货币，在全球各国的外汇储备中，美元占比为55.2%，全球排名第一位，而人民币仅占2.1%（2020年第四季度数据）。③全球贸易融资中，美元高达87.1%，而人民币仅占1.3%（2021年2月数据）。总体来说，无论从哪个维度来看人民币的发展，其占比均未超过2.5%，与美元占比相差较大。另一方面，在全球经济实力方面（截至2020年年底的数据）：①中国GDP排名全球第二位。尽管位列美国之后，但远强于欧元区国家及英国和日本。②中国成为全球第一大贸易国。货物贸易进出口总额占全球的13.1%。③中国成为全球金融大国。外汇储备长期位居世界第一；银行业总资产规模位居全球第一；债券、股票、保险的市场规模也均列全球第二。

由于数字货币可以实施穿透式监管，同时数字货币又是将资金流、信息流、商流和物流融为一体的载体，在数字货币流动时，即可对资金流、信息流、商流和物流数据进行准确的获取、监管，有利于监管当局对资金流向（如跨境资金流动、反洗钱、反恐融资、反逃税等非法交易等）进行监管，从而有利于货币当局制定和实施更精准、更科学合理的货币政策，同时也有利于货币政策、财政政策和其他宏观政策之间的协调配合，从而减少全社会运行的摩擦成本、提高全要素生产率。近年来，随着央行数字货币研发、试点取得良好成果，发行本国央行数字货币（Central Bank Digital Currency，CBDC）的国家开始采取积极举措以快速助推央行数字货币进程。其中，美国就是最具代表性的国家之一，特别是在我国数字人民币（DC/EP）于2020年5月（在苏州）试点后不久，美国就于2020年5月28日发布其"数字美元项目"（Digital Dollar Project）白皮书。

然而，2020年暴发的全球新冠疫情导致全球经济的发展格局发生了重大变化，中国的疫情很快得到控制并好转，截至2020年9月底，中国成为全球唯一经济正增长的主要经济体，与此形成强烈反差的是，美国成为受疫情影响最为严重的国家，经济遭受沉重打击。此时，数字人民币(DC/EP)迎来了非常难得的推动人民币国际化的历史性机遇。在疫情全球蔓延、各国疲于抗疫之际，2020年5月我国正式启动数字人民币(DC/EP)的试点，苏州相城区从2020年5月开始，在其所属的各级机关和企事业单位人员的工资发放中，50%的交通补贴以央行数字货币(DC/EP)的形式发放，至此，主要经济体央行数字货币的首个应用场景正式落地，中国也成为全球主要经济体中首个使用法定数字货币的国家。之前虽有相关国家发行过央行数字货币，但均为小国，例如，2015年2月至2018年3月，厄瓜多尔发行厄瓜多尔币(EDC)；2017年11月，乌拉圭发行数字比索(E-Peso)；2017年12月，委内瑞拉发行石油币(PTR)；2020年2月，瑞典发行电子克朗(E-Krona)等。

央行数字货币具有天然的国际货币优势：央行数字货币的秒到账、零成本、匿名性、安全性高等优势，使其能很好地解决跨境支付的费用高、速度慢、结算周期长、汇差损失风险大等长期以来的痛点，从而能大幅提升(国际)贸易的交易量、促进全球经济贸易发展、加快经济全球一体化进程、推动人类命运共同体建设，这些使得法定数字货币(央行数字货币)具有天然的国际货币优势。数字人民币(DC/EP)不仅兼具央行数字货币的上述优势，而且采用了双离线(交易双方都不需要通过网络的离线状态)交易模式，使得交易不受时间(7×24小时)和地点(不需要网络和过多的机具支持)的限制，从而使得数字人民币具有了更强的国际化天然优势。特别是数字人民币(DC/EP)能否助推人民币国际化关系到我国金融体系能否进一步高质量、健康、快速发展，同时也是我国经济高质量发展的关键驱动因素。

本书紧紧围绕数字人民币(DC/EP)对人民币国际化影响的内在逻辑，以"理论研究+实证研究+应用研究"三位一体的研究范式为主体，以其他章节为主体的重要支撑，主次分明、主辅联动、浑然一体，构成"数字人民币对人民币国际化的影响"的强内在逻辑。

（一）理论研究部分

理论研究部分，从三个层面展开，层层递进、环环相扣，具体如下：

首先，研究数字人民币（DC/EP）的产生与发展。从私人数字货币到法定数字货币，再到我国的法定数字货币——数字人民币（DC/EP），详细研究了数字货币每一阶段的产生与发展。

其次，研究当前背景下人民币的国际化。包括数字人民币（我国的法定数字货币或央行数字货币）对金融体系的影响，当前背景下人民币国际化的条件、路径、必要性和影响因素等。

最后，研究数字人民币（DC/EP）对人民币国际化的影响。从数字人民币的优势、条件展开，研究了数字人民币对人民币国际化影响的外部环境，即全球法定数字货币的发展趋势（以基本囊括全球主要法定数字货币的11个典型国家为代表）。

（二）实证研究部分

为准确刻画数字人民币对人民币国际化的影响，本书基于两个视角进行了实证研究：

1. 基于跨境资本流动视角

基于小波分析法和动态溢出分析法分别实证估计了我国国际资本流动和数字人民币之间的相关关系。结果表明：①我国数字人民币与国际资本流动之间存在较高的相关性，且二者之间的联动性在不同时期和不同频率下具有显著的异质性。②美国利率和中美股价收益率之差作为系统性风险的源头，对数字人民币等系统内其他变量的波动溢出效应在样本区间内始终为正。③国际资本流动和数字人民币作为系统内风险的承受者，对其他变量的波动溢出效应始终为正；人民币汇率预期和人民币对美元即期汇率同时作为美国利率和中美股价收益率之差的波动溢出承受方，以及对国际资本流动与人民币汇率预期的波动输出者，在系统中更多地作为将波动从美国利率和中美股价收益率之差传导至国际资本流动和人民币汇率预期的桥梁和渠道。④数字人民币对国际资本流动的溢出效应始终为正，且在2014—2016年有一个较为明显的峰值。

2. 基于非线性和时变性视角

本书首先采用能够捕捉结构突变点和平滑渐变点的非线性单位根方法，对数字人民币和人民币国际化及其经济基本面相关变量的动态演化特征进行准确刻画。进一步地，为揭示数字人民币和人民币国际化之间的非线性关系，本书相继采用自回归分布滞后边限协整模型（ARDL-ECM Bound test）、平滑转换自回归模型（STAR）以及包含随机波动的时变向量自回归模型（TVP-SV-BVAR）实证分析了数字货币对人民币国际化的非线性影响。所得出的实证结果和研究结论为：整体而言，数字人民币的发展能够在一定程度上助推人民币国际化，但数字人民币对人民币国际化的影响并非一成不变，而是在不同的经济基本面环境下，数字人民币对人民币国际化的影响呈现出潜在的区制转换和非对称性特征。特别地，在货币政策（息差）、经济增长（产出缺口差）、通货膨胀（通胀差）以及汇率（汇率预期）等作为转换变量的经济环境下，数字人民币对人民币国际化的影响会依托于上述不同的经济环境而呈现出明显的区制转换和非对称性特征。

（三）应用研究部分

从实际应用上阐述数字人民币（DC/EP）对人民币国际化影响的内在逻辑。首先，分析了数字人民币大幅提升人民币国际化竞争力的应用设计特点，包括采用中心化管理的双层运营模式、"一币两库三中心"运营技术架构、定位于零售型央行数字货币、多样化的钱包等；其次，剖析了数字人民币在境内及跨境支付中的试点应用情况，其中境内试点以雄安新区为例；最后，鸟瞰了数字人民币应用的国际竞争环境。

此外，数字人民币（DC/EP）尚处于发展和推进之中，其研究框架尚未成熟，且处于不断完善之中，因而本书的理论研究可以弥补数字人民币对人民币国际化影响方面研究的不足，实践中可以为实务从业者提供参考。然而，在这一研究中还存在较多的难度和挑战：一方面，由于本书写作内容涉及的领域较广，数字人民币（DC/EP）不仅涉及计算机、新一代信息技术（ABCDE/IoT/5G、人工智能、区块链、云计算、大数据、边缘计算、物联网和5G技术等）、金融科技、法律、政治、军事、外交，还涉及密码学、行为学、社会学、心理学等；不仅涉及政府、产业、学界、研究机构（含高校），更涉及金融（监管与市场参与主体）、服务业（科技服务）、科技成果应用等；不仅涉及国内利益相关方，还与全球紧密相连，包括跨境支付、国际货币（支付）体系、不同国家的法律制度、国际金融体系等。另一方面，由于数字人民币（DC/EP）尚处于起步阶段，且试点地区相对较少，数据（尤其是时间序列数据）非常难以获得。在本书的研究中，特别调研访谈了央行数字货币研究所、央行科技司、央行征信管理局、中国人民银行河北分行、中国人民银行石家庄中心支行、雄安新区管委会相关部门、工商银行、中国银行、中国移动等单位的相关领导和专家们，以及从事区块链、大数据、人工智能等研究的清华大学的老师们，场景落地的实业界的同人、朋友们，从他们那里得到了很多宝贵建议，尤其是数据方面的帮助。

目 录

1 导 论 　　001
　1.1 研究背景及意义 　　003
　　1.1.1 研究背景 　　003
　　1.1.2 研究意义 　　005
　1.2 研究问题和创新之处 　　008
　　1.2.1 研究问题 　　008
　　1.2.2 创新之处 　　008
　1.3 研究结构 　　010

2 文献综述 　　013
　2.1 有关数字人民币的研究 　　015
　　2.1.1 数字货币的起源与发展 　　015
　　2.1.2 数字货币的属性 　　017
　　2.1.3 数字货币的前沿研究 　　018
　2.2 有关人民币国际化研究 　　019
　　2.2.1 人民币国际化研究 　　019
　　2.2.2 国际资本流动的影响成因 　　024
　　2.2.3 数字货币与国际资本流动 　　027
　2.3 有关数字人民币与人民币国际化的研究 　　028

3 数字人民币(DC/EP)与人民币国际化的理论研究 　　031
　3.1 数字人民币(DC/EP)的相关理论 　　033
　　3.1.1 数字货币和数字人民币的产生与发展 　　034

3.1.2　数字货币的三大典型特征　　　　　　　　　　048
　　　3.1.3　数字人民币对金融体系的影响　　　　　　　052
　3.2　人民币国际化的相关理论　　　　　　　　　　　　055
　　　3.2.1　人民币国际化的概念　　　　　　　　　　　056
　　　3.2.2　人民币国际化的条件　　　　　　　　　　　056
　　　3.2.3　人民币国际化的必要性　　　　　　　　　　058
　　　3.2.4　人民币国际化的路径选择　　　　　　　　　060
　　　3.2.5　人民币国际化的影响因素　　　　　　　　　061
　3.3　数字人民币(DC/EP)对人民币国际化影响的相关理论　061
　　　3.3.1　数字人民币(DC/EP)具有天然的国际货币优势　061
　　　3.3.2　数字人民币(DC/EP)推动人民币国际化的先决条件　062
　3.4　本章小结　　　　　　　　　　　　　　　　　　　065

4　数字人民币对人民币国际化影响的实证研究：
　　基于跨境资本流动视角　　　　　　　　　　　　　　067
　4.1　引言　　　　　　　　　　　　　　　　　　　　　069
　4.2　研究方法　　　　　　　　　　　　　　　　　　　070
　　　4.2.1　研究方法一：小波分析法　　　　　　　　　070
　　　4.2.2　研究方法二：基于TVP-VAR模型的动态溢出分析　074
　4.3　变量选取与数据说明　　　　　　　　　　　　　　077
　4.4　实证结果分析　　　　　　　　　　　　　　　　　078
　　　4.4.1　总体溢出指数　　　　　　　　　　　　　　082
　　　4.4.2　定向溢出指数　　　　　　　　　　　　　　083
　　　4.4.3　净溢出效应　　　　　　　　　　　　　　　086
　　　4.4.4　两两溢出效应　　　　　　　　　　　　　　088
　4.5　本章小结　　　　　　　　　　　　　　　　　　　089

目录

5 数字人民币对人民币国际化影响的实证研究：
基于非线性和时变性视角　091

5.1 引言　093

5.2 指标选取、模型设定及数据来源　099

  5.2.1 指标选取及相关检验　099

  5.2.2 典型事实　100

5.3 研究结论与启示　121

5.4 本章小结　124

6 数字人民币(DC/EP)对人民币国际化影响的应用研究　127

6.1 数字人民币(DC/EP)的应用设计特点　129

  6.1.1 数字人民币(DC/EP)采用中心化管理的双层运营模式　129

  6.1.2 数字人民币(DC/EP)采用"一币两库三中心"运营技术架构　132

  6.1.3 数字人民币(DC/EP)定位于零售型央行数字货币　133

  6.1.4 数字人民币(DC/EP)的钱包种类多样化　134

  6.1.5 数字人民币(DC/EP)的(跨境)支付设计　136

6.2 数字人民币(DC/EP)对货币政策的影响　142

  6.2.1 数字人民币(DC/EP)较难导致银行脱媒　142

  6.2.2 数字人民币(DC/EP)将扩大货币乘数　143

  6.2.3 数字人民币(DC/EP)可实施定向流通　144

6.3 数字人民币(DC/EP)试点情况的应用分析　145

  6.3.1 数字人民币在境内试点的应用分析　145

  6.3.2 数字人民币在跨境支付中的应用分析　149

6.4 数字人民币应用的国际竞争环境　154

  6.4.1 数字美元的应用实践　155

  6.4.2 数字欧元的应用实践　156

  6.4.3 数字英镑的应用实践　158

6.4.4	数字日元的应用实践	158
6.4.5	数字加元的应用实践	159
6.4.6	数字新元的应用实践	161
6.5	本章小结	162

7 结论、政策建议与研究展望   165

7.1	研究结论	167
7.1.1	理论研究方面的研究结论	167
7.1.2	实证研究方面的研究结论	169
7.1.3	应用研究方面的研究结论	170
7.2	相关政策建议	175
7.2.1	进一步完善配套法律和监管框架	176
7.2.2	进一步出台相关支持政策	176
7.2.3	进一步完善相关技术基础设施	176
7.2.4	进一步提高跨境支付的风险防控能力	177
7.2.5	进一步利用当前各种国际有利因素	177
7.2.6	进一步扩大"国际合作研发"范围	178
7.3	研究的局限性及进一步研究展望	178

参考文献   181

附录   203

    附录 A   雄安新区数字人民币潜在涉外支付应用场景   203

    附录 B   名词术语   206

后　记   209

1 导 论

1.1 研究背景及意义

1.1.1 研究背景

自 20 世纪 90 年代起，人民币国际化一直受到国内外学者的持续性关注。目前，学术界主要从人民币国际化的实施条件、风险应对，及实现路径、方式等多个角度进行了深入的研究，其中，对人民币国际化影响因素的研究成果丰富，既有宏观的路径规划，也有国际化路径中各变量的动态变化、影响因素；既有顶层制度设计，又有实践的风险防控手段；既有从结算、计价、投资到储备的职能递进方式，又有从周边、区域到国际化的地域范围扩张。更值得一提的是，早期的大量研究较多从定性视角展开，而近期从定量视角考察人民币国际化的研究日益显现。然而，在数字人民币(DC/EP)出现的背景下，鲜有研究对人民币国际化展开系统分析。

全球经济、政治的格局变化，往往会引发不同种类货币国际地位的变化，特别是每次大的全球性危机所导致的经济不平衡，都会在削弱某些货币国际地位的同时，增强另外一些货币国际化的地位。例如，2008 年美国次贷危机爆发后，美元全球外汇占比加速下降；2009 年年底欧洲主权债务危机爆发引发欧元全球外汇占比持续下降至 2016 年前后才企稳（见图 3.3）。人民币资产则在 2008 年后成为很多国家避险资产的选择，这在很大程度上推动了人民币国际化的进程，在人民币谋求加入 SDR 的配合下，人民币国际化进程再次提速，2016 年 10 月 1 日被正式纳入 SDR 篮子，而且权重达 10.92%，高于日元的 8.33% 和英镑的 8.09%。2020 年暴发的

数字人民币（DC/EP）对人民币国际化的影响
The Impact of Digital Currency Electronic Payment (DC/EP) on Internationalization of RMB

新冠疫情导致全球经济的发展格局、金融货币体系，甚至各国的国际政治影响力均发生了很大的变化，中国的疫情很快得到控制并好转，截至2020年9月底，中国成为全球唯一经济正增长的主要经济体。与此形成强烈反差的是，美国成为受疫情影响最为严重的国家，经济持续恶化，美元的国际货币地位呈现出下降态势。其他发达经济体的经济发展也受到疫情的冲击，主要国际货币欧元、英镑、日元都深受疫情之灾，其货币的国际地位均受到不同程度的负面影响。受经贸规模的扩展、币值持续走强、金融规模不断扩大和金融开放水平不断提升的货币国际化的核心因素的影响，加上军事实力和国际政治影响力大幅提升的货币国际化支撑因素的影响，人民币国际化走强的内在驱动力不断积聚，在具有多种优势的法定数字货币——数字人民币（DC/EP）的助推下，人民币国际化的势能势必得到释放。

2020年5月，在疫情蔓延对全球经济产生较大负面影响的背景下，全球正在出现新的发展趋势，"疫后经济"使得央行数字货币已经上升为国家战略。2020年5月，苏州相城区开始在其所属的各级机关和企事业单位人员的工资发放中，将交通补贴的50%以央行数字货币（DC/EP）的形式发放，至此，主要经济体央行数字货币的首个应用场景正式落地，中国也成为全球主要经济体中首个使用法定数字货币的国家。需要指出的是，当中国逐步成为数字人民币普及的国家后，我国的进出口贸易经济均会与数字人民币相关联。数字货币的秒到账、零成本、匿名性、大幅提升交易量等优势，使得数字货币具有天然的国际化优势。数字人民币（DC/EP）不仅兼具数字货币的上述优势，而且采用了双离线（交易双方都不需要通过网络的离线状态）交易模式，使得交易不受时间（7×24小时）和地点（不需要网络和过多的工具）的限制，这使得数字人民币具有了很强的国际化天然优势。不难理解，在法定数字货币时期，首个使用法定数字货币——数字人民币（DC/EP）的中国，迎来了一个本国货币（人民币）加速国际化进程的重大历史机遇期，也使得人民币成为主流国际货币的进程大大提速。在这一背景下，研究"数字人民币（DC/EP）与人民币国际化"是应时代之需。

本书将围绕数字人民币(DC/EP)出现后,在新的环境背景下,人民币国际化的"影响因素(核心因素和支持因素)"和"路径"两个重要方面,运用理论、实证与应用研究相结合的布局,借鉴英镑、美元、欧元和日元国际化的过程和实践经验等,探寻 DC/EP 对人民币国际化的推动作用。

1.1.2 研究意义

货币国际化是指一国货币超越该国国界,在全球范围内自由兑换、交易和流通,最终成为国际货币的过程(张津,2017)。货币国际化体现了一国的综合国力,但当前人民币的国际地位与我国经济实力还存在严重的不匹配现象。一方面,在国际货币地位方面:①作为支付货币,美元占全球的 38.4%,居全球第一位,而人民币仅占 2.2%(2021 年 2 月数据);②作为储备货币,在全球各国的外汇储备中,美元占比为 55.2%,全球排名第一位,而人民币仅占 2.1%(2020 年第四季度数据);③全球贸易融资中,美元高达 87.1%,而人民币仅占 1.3%(2021 年 2 月数据)。总体来看,人民币的各维度指标的占比均未超过 2.5%,与美元占比相差较大。另一方面,在全球经济实力方面(截至 2020 年年底的数据):①中国 GDP 排名全球第二位。尽管位列美国之后,但远强于欧元区国家及英国和日本。②中国成为全球第一大贸易国。货物贸易进出口总额占全球的 13.1%。③中国成为全球金融大国。外汇储备长期位居世界第一,银行业总资产规模位居全球第一,债券、股票、保险的市场规模也均列全球第二。

从人民币国际化的演变特征中不难发现,人民币在国际支付货币中的市场份额仍处于较低水平,2018 年 12 月为 2.07%,2019 年为 2.15%。截至 2019 年第一季度底,美元占全球外汇储备的比例高达 61.82%,比国际支付市场的 40.1%占比高,大部分国家依旧把美元作为"优质储备资产"。而人民币在全球各国外储中占比约为 1.95%(第五名),低于日元和英镑(见图 1.1)。

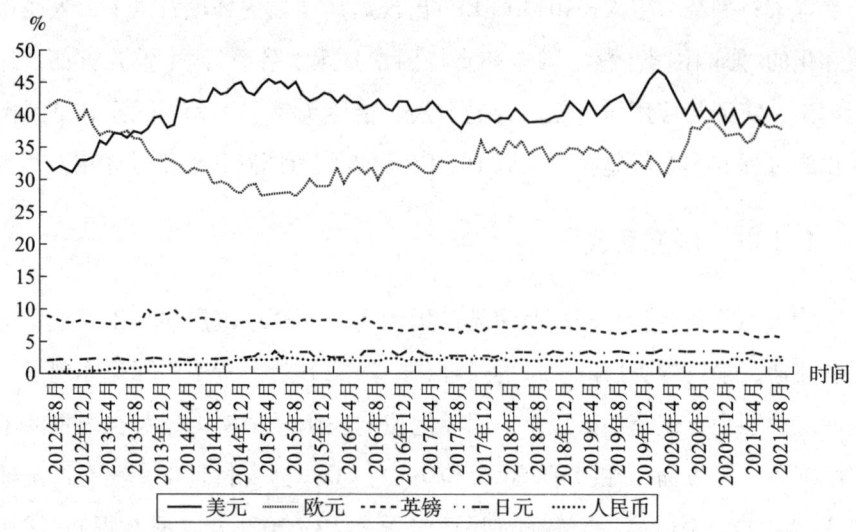

图 1.1　2012 年 8 月至 2021 年 8 月五大国际货币支付市场占比

资料来源：SWIFT。

数字人民币（DC/EP）的技术决定了其很容易跨境流通，不仅比传统跨境结算速度快很多，而且比传统跨境结算安全，有利于在境外流通达到一定程度、在国际贸易结算中达到一定比重、以人民币计价的金融产品成为国际金融机构的投资工具等，这也是人民币国际化的条件。数字人民币（DC/EP）成为通过"人民币国际化的诸多影响因素（本书主要研究四大核心因素和两大支撑因素）"推动人民币国际化的重要工具或关键变量，影响到人民币国际化的目标定位、方向规划和策略选择。

2008 年美国爆发次贷危机后，对美元信任度的下降，不仅催生了数字货币（比特币），而且让中国及全球诸多国家催生了国际货币多元化的思考。我国从全球的金融经济体系、维护国家金融安全、经济发展战略的高度出发，紧抓数字人民币试点契机，推动人民币国际化，在逐步减少对美元依赖的同时，也能推动国内金融体系的升级，从顶层设计来看，数字人民币的推行对我国具有长期战略意义。一方面，加快人民币国际化。数字人民币（DC/EP）有利于改善我国跨境支付条件，有望改造国际货币、金融和贸易结算体系，增强经济和金融的独立性。另一方面，保障货币主权。

数字人民币(DC/EP)有利于抵御加密资产和全球稳定币侵蚀，防止数字经济时代的货币发行权被弱化，并确保货币发行始终服务于国家发展改革大局。法定数字货币具有天然的国际化优势，在数字货币，尤其是法定数字货币的历史浪潮即将到来之际，法定数字货币研究，尤其是我国的法定数字货币——数字人民币(DC/EP)的研究价值凸显。

对于除美国之外的许多国家来说，发行法定数字货币不仅是为了支付的便利性，还为了达到逐步"去美元化"的目的。在美元霸权的国际货币体系下，美国的 SWIFT 和 CHIPS 系统主导了国际支付结算体系，许多国家想借着区块链技术、数字货币重建一个支付体系。SWIFT 和 CHIPS 跨境支付收费高、效率低，更为严重的是，SWIFT 被美国作为管辖的工具，对我国金融(体系)安全构成了极大威胁，使用我国的(人民币)跨境银行间支付系统(CIPS)能够在一定程度上规避这些缺陷。如果使用数字人民币(DC/EP)通过 CIPS 进行跨境转账支付，不仅费用低、速度快、效率高，而且能够规避 SWIFT 和 CHIPS 对我国金融(体系)安全构成的极大威胁，加快人民币国际化的进程。

2018 年 3 月 26 日人民币跨境支付系统(Cross-border Interbank Payment System，CIPS)投产试运行后，人民币国际化程度加深，后疫情时代，人民币国际化趋势加快，数字人民币于 2020 年 5 月正式推出，成为全球主要经济体首个数字货币，在中国成为全球唯一经济正增长的背景下，顺势而动、恰逢其时，此时的研究，理论上可以丰富"数字人民币(DC/EP)对人民币国际化影响"的研究，实践中可以进一步清晰数字人民币(DC/EP)背景下人民币国际化的路径、目标和方向。

综上所述，对于"数字人民币(DC/EP)对人民币国际化影响"这一问题的研究，不仅具有重要的理论价值(丰富法定数字货币、人民币国际化等理论)，更具有重要的现实意义(为我国人民币国际化的实践提供理论参考)。

1.2 研究问题和创新之处

1.2.1 研究问题

本书围绕"数字人民币（DC/EP）对人民币国际化的影响"开展研究，包括"数字人民币（DC/EP）对人民币国际化影响的理论研究""数字人民币（DC/EP）对人民币国际化影响的实证研究"及"数字人民币（DC/EP）对人民币国际化影响的应用研究"三个主要方面。

本书首先从法定数字货币这一新的视角出发，将其纳入人民币国际化重要影响因素的研究之中，探讨其对人民币国际化的影响，在此基础上，就数字人民币对人民币国际化的影响展开更具体的分析。最后结合本书的理论、实证及应用分析，提出针对性的政策建议。

1.2.2 创新之处

自20世纪90年代以来，人民币的国际化研究从大量的定性研究逐步发展到越来越多的定量的实证研究，研究成果越来越丰富，但在数字人民币（DC/EP）出现的背景下，尚未有太多系统的人民币国际化研究。重要原因在于，一方面，使用法定数字货币的国家很少，中国是全球主要经济体中首个使用法定数字货币的国家；另一方面，试点使用法定数字货币的时间短、范围小，数据很少。中国于2020年5月在苏州相城区首先试点之后，尽管其推广使用的力度很大，使用范围呈现出加速扩大态势，但应用场景依然不太普遍、数据公开较少且大多处于涉密状态。"疫后经济"使得央行数字货币上升为国家战略，中国也于2020年5月成为全球主要经济体中首个使用法定数字货币的国家。此时，数字人民币（DC/EP）对人民币国际化影响的研究，理论上可以弥补数字人民币（DC/EP）对人民币国际化影响这一新领域研究的不足，实践中可以进一步明确数字人民币（DC/EP）推动人民币国际化的策略、措施，也使得对这一问题的研究不仅具有理论价

值,更具现实意义。本书的创新之处有如下三个方面:

(1)研究视角上的创新

本书首次基于数字人民币(DC/EP)这一全新的研究视角,创新性地探究了我国央行数字货币即数字人民币对人民币国际化的潜在影响。特别是本书在吸收了人民币国际化的国内外最新研究成果的基础上,构建了一个包含数字人民币和人民币国际化的系统分析框架,并在此逻辑框架的基础上进行了定性和定量研究。

(2)研究内容上的创新

基于跨境资本流动视角、非线性和时变性视角,以及跨部门和跨市场的风险溢出效应测度视角,本书分别研究在数字人民币(DC/EP)使用情况下:①运用小波分析法和动态溢出分析法分别实证估计了我国国际资本流动和数字人民币之间的相关关系;②重点围绕数字货币对人民币国际化影响的程度、方向和特征展开多维探讨。特别是为刻画数字人民币和人民币国际化的动态演化特征,本书采用学术前沿的非线性单位根方法对其动态演化特征进行捕捉。进一步地,为刻画数字人民币和人民币国际化的非线性关系,本书相继采用非线性自回归分布滞后模型、平滑转换自回归模型和包含随机波动的时变向量自回归模型,对数字人民币和人民币国际化之间短期和长期以及低区制和高区制关系进行了刻画。

(3)研究方法上的创新

本书沿袭"理论研究+实证研究+应用研究"立体式、全角度的三位一体研究范式,从理论、实证和应用三个方面进行了深入探索,并进行了创新性分析。①理论研究。本书创新性地构建了包含数字人民币和人民币国际化的系统性分析框架,为系统考察数字人民币对人民币国际化的影响提供了标准的参考系。②实证研究。本书结合数字人民币和人民币国际化的典型特征事实,分别从非线性和非对称性视角深入刻画数字人民币对人民币国际化的影响特征,具体而言,为揭示数字人民币和人民币国际化之间的短期和长期非对称性关系,本书采用自回归分布滞后边限协整模型(ARDL-ECM Bound test)进行实证分析,为进一步揭示数字货币对人民币国际化的影响是否受区制性环境的影响，本书采用平滑转换自回归模型（STAR）进行实证分析，特别地，为考察不同时点和不同时期下数字人民币对人民币国际化的影响，本书还创新性地采用包含随机波动的时变向量自回归模型进行实证分析，研究结论既符合中国的发展现实，也为助推人民币国际化提供重要的启示。③应用研究。在应用层面，本书结合理论分析与实证研究，进一步将研究结论和发展现实相结合，重点研究了数字人民币在雄安新区的试点中跨境支付以及其他大量的实际应用情况，能够从实务层面完善数字人民币和人民币国际化的有序推进，因而具有极为重要的现实价值。

1.3　研究结构

本书一共分为7章，紧紧围绕数字人民币（DC/EP）对人民币国际化影响的内在逻辑，以"理论+实证+应用"三位一体的研究范式为主体，其他部分为支撑，相互联系、主次分明。各章主要内容阐述如下：

第1章为导论。本章主要围绕本书的研究背景及意义，阐述本书研究的问题以及创新之处，最后介绍本书的整体研究框架。

第2章为文献综述。本章从三个层面展开，层层递进、环环相扣。首先，介绍了数字人民币（DC/EP）的相关研究；其次，介绍了人民币国际化的相关研究；最后，介绍了数字人民币（DC/EP）与人民币国际化的相关研究。为了更好地理解数字人民币（DC/EP），本章按照数字人民币（DC/EP）产生的顺序（私人数字货币—法定数字货币—数字人民币）安排文献研究的结构。实际上，数字货币包括私人数字货币和法定数字货币（常用央行数字货币CBDC指代）两大类；数字人民币（DC/EP）是法定数字货币（央行数字货币CBDC）在中国的表现形式。央行数字货币（CBDC）根据用户和用途不同又分为批发型央行数字货币和零售型央行数字货币，数字人民币（DC/EP）属于零售型央行数字货币。

第3章为数字人民币(DC/EP)与人民币国际化的理论研究。本章重点从理论上阐述了数字人民币(DC/EP)对人民币国际化影响的内在逻辑。为了更好地认识和理解数字人民币(DC/EP)，本章首先回顾了数字货币的演进特征，然后深入探讨数字货币、法定数字货币和数字人民币(DC/EP)的产生与发展，以及数字货币的特征、法定数字货币(含数字人民币)对金融体系的影响。其次，研究了"人民币国际化"的相关理论，包括人民币国际化的概念、条件、必要性、路径选择和影响因素。最后，研究了数字人民币(DC/EP)对人民币国际化的影响的相关理论。

第4章为数字人民币对人民币国际化影响的实证研究：基于跨境资本流动视角。本章基于小波分析法和动态溢出分析法分别实证估计了我国国际资本流动和数字人民币之间的相关关系。

第5章为数字人民币对人民币国际化影响的实证研究：基于非线性和时变性视角。本章重点从经验分析视角深入探析了数字人民币(DC/EP)对人民币国际化的影响，重点围绕数字人民币(DC/EP)对人民币国际化影响的程度、方向和特征展开多维探讨。特别是为刻画数字人民币和人民币国际化的动态演化特征，本书采用学术前沿的非线性单位根方法对其动态演化特征进行捕捉。进一步地，为刻画数字人民币和人民币国际化的非线性关系，本书相继采用非线性自回归分布滞后边限协整模型、平滑转换自回归模型和包含随机波动的时变向量自回归模型对数字人民币和人民币国际化之间的短期和长期以及低区制和高区制关系进行刻画。

第6章为数字人民币(DC/EP)对人民币国际化影响的应用研究。本章重点从实际应用角度论述数字人民币(DC/EP)对人民币国际化影响的内在逻辑。从数字人民币(DC/EP)的应用设计特点、对货币政策的影响，到典型的试点的应用分析，深刻剖析数字人民币(DC/EP)未来的国内、国际应用的可能和潜在场景，运用丰富的应用场景，构建了数字人民币(DC/EP)推动人民币国际化的坚实应用基础。

第7章为结论、政策建议与研究展望。本章对全书的研究进行总结，并在此基础上提出相关政策建议。同时，为未来进一步开展"数字人民币

(DC/EP)与人民币国际化"的研究，从中国的发展现实与全球的政治经济格局的变化趋势角度出发，关注重大现实问题，对未来的研究方向、研究目标与研究手段等进行了展望，并在此基础上进一步指出后续的研究方向。

2

文献综述

伴随着经济的快速发展及金融体系的不断完善，近年来数字货币的发展也取得了长足的进步，其中一个重要表征是数字货币的种类以及所蕴含的价值不断增加。数字货币的发展一方面丰富了既有的货币形态，另一方面对当今现存的货币体系产生了一定的影响。本章将按照数字人民币、人民币国际化和数字人民币与人民币国际化三个层次，围绕数字货币的起源与发展、数字货币的属性以及数字货币的前沿研究三个视角对数字货币展开分析。同时，结合本书的研究主题，进一步对人民币国际化、资本流动以及数字货币对国际资本流动和人民币国际化的影响进行了分析。特别地，对现有研究进行系统梳理，力求对数字货币的发展展开系统性分析，从而为本书研究数字人民币（DC/EP）对人民币国际化的影响提供文献支撑。

2.1　有关数字人民币的研究

2.1.1　数字货币的起源与发展

从广义上而言，数字货币（Digital Currency）是一种不具备实体形式且仅以数字形式存在的货币。与传统（电子）货币相比，除存在形式上的特殊性外，其隐私性和安全性也有较大区别。目前，学者已对数字货币展开多维、多层次探讨，代表性成果有：David Chaum（1982）首次提出数字货币理论，并于1989年推出了人类史上第一个数字货币 E-Cash，这种基于传统的"个人—银行—商家"三方模式的"中心化"的数字货币具有匿名性和不可追踪性的特点。Wei Dai(1998)首次将分布式账本技术(Distributed Ledger Technology，DLT)应用到数字货币中，研发了数字货币 B-money，开创了"去中心化"数字货币的先河。依托于区块链技术的快速发展，Satoshi Nakamoto(2008)首次提出比特币，比特币是一种基于不需要以银行为中介的、"个人—商家"(二方模式)点对点传输的电子现金系统，可以在不受第三方约束的情况下实现交易及资金往来。周小川(2016)认为，数字货币可以分为基于账户和不基于账户两种，在发行主体上可以分为私人数字货币和央行数字货币，特别地，私人数字货币由独立于央行以外的第三方发行。私人数字货币的产生及发展对现存的货币体系及中央银行在金融体系中的地位产生了一定程度的冲击，由此引发各国中央银行对数字货币发展的重视，在这一过程中，央行数字货币也随之产生。需要指出的是，央行数字货币由中央银行发行，由政府信用背书。尽管目前多国中央银行已经开始重视数字货币的发展，但大多数央行数字货币处在探索和测试阶段，仅有部分国家推出了央行数字货币。世界主要经济体的央行(如美联储、欧洲央行、英格兰银行、日本银行等)均未正式推出央行数字货币，中国人民银行研发的央行数字货币[数字人民币(DC/EP)]是进展最快的，2019年年底就开始试点。数字美元(Digital Dollar)还处于论证阶段，数字欧元(Digital Euro)仅公布了研究报告，英国 CBDC 处于评估阶段，日本于2021年4月开始启动概念验证。此外，还需提及的是，央行数字货币是数字化的价值符号与价值工具的统称，同时也是电子货币(Electronic Currency)及其他法定货币的替代货币，是广义虚拟货币(Virtual Currency)的一种类型。

数字人民币的设计原则主要包括管理中心化、技术架构分布式、易于携带和快捷支付、匿名性及安全性(刘凯等，2021)，而在央行数字货币的管理上则遵循传统货币的管理思路，特别地，使用现行的"中央银行—商业银行"二元体系来实现央行数字货币的发行和回笼，并以此对宏观经济产生调控作用(姚前、汤莹玮，2017)。中国人民银行数字货币研究所成立于2016年，并于2017年正式开启数字人民币(DC/EP)项目。DC/EP 实际上是将数字人民币纳入进来的更为广泛的数字金融基础设施，进而衍生出的新型支付产品,称为数字人民币(e-CNY)。2019年8月,中国人民银行正式披露法定数字货币[数字人民币(DC/EP)]的发行和研究准备情况,开始进行数字人民币封闭测试,深圳、苏州、雄安新区、成都和北京冬奥会会场("4+1"模式)成为第一批试点地区。中国人民银行于2020年10月起草了《中华人民共和国中国人民银行法(修订草稿征求意见稿)》,并向社会公开征求意见,其中第三章第十九条明确列出人民币包括实物形式和数字形式,希望能够为发行和流通数字人民币提供法律依据。2021年2月,来自不同国家和地区的金融管理机构联合发起多边央行数字货币桥的研究项目,旨在进一步探索数字货币在跨境支付中的应用,特别地,该项目还在国际清算银行香港创新中心的大力支持下取得了稳步进展。

2.1.2 数字货币的属性

对于数字货币的属性,目前学术界也从不同维度展开了一系列探索,代表性成果有:戚聿东等(2021)从技术属性上对传统纸质货币与数字货币进行了有效区分,传统纸质货币是基于造纸、印刷等技术,运行于物理环境中的纸质交易媒介,而数字货币是附有发行方、发行金额、流通要求、时间约束甚至智能合约等信息的加密数据串。杨延超(2020)指出,尽管当前对于数字货币的法律属性没有确切的界定,但数字货币是在数字货币说的基础上产生的新货币,从这一角度而言,数字货币具有准货币的法律属性。陈华等(2021)就数字货币的安全属性进行了相关研究,研究发现鉴于数字货币是国家安全的重要组成部分,我国应提高数字货币治理的综合能力,为法定数字货币的安全平稳运行保驾护航。Gilbert和Loi(2018)通过资本资产定价模型(CAPM)研究了以比特币(Bitcoin)为代表的数字货币风险,并指出尽管比特币的波动性很大,但其系统性风险较小,是投资者投资组合的有效选择。数字货币作为一种低成本的媒介,可以通过货币政策框架促进价格稳定(Bordo and Levin,2017),同时把传统货币体系的双重委托代理问题简化为一重委托代理问题(庄雷、赵成国,2017)。周边等(2021)从货币结构重塑的角度构建了包含现有的支付方式及货币形态在内的支付理论模型，从理论层面对法定数字货币的发行和使用能够在一定程度上拓展现金使用的场景和范围进行了论证。数字货币在交易成本、"去中心化"、可追溯以及隐私性方面的优势使其能够在电子支付盛行的时代保有一席之地，但需要指出的是，数字货币在法律属性、帮助洗黑钱等犯罪行为、对传统金融体系造成冲击以及央行货币政策的传导效果等方面扮演的角色仍需进一步探究。

2.1.3 数字货币的前沿研究

目前，世界多国中央银行已经开始了对央行数字货币的研究，我国也将数字货币正式写入"十四五"规划中。特别地，法定数字货币被苏格兰银行界定为中央银行的一种电子化法定负债，姚前（2018）认为，法定数字货币能够优化传统法币的支付功能，减少市场参与主体对私人部门所提供支付服务的依赖度，缓解中央银行监管的压力，提高法定货币的地位。谢星和封思贤（2019）认为，我国货币供给中的基础货币数量、现金通货、准备金数量、货币乘数及货币总规模会因数字货币的发行和流通受到一定的影响，但由于各自的作用机制和兑换模式不同存在显著差异。现有的货币政策工具、货币政策中介指标也会受到法定数字货币发行和流通的冲击，进而影响我国货币政策传导的有效性。戚聿东和褚席（2019）从经济效益的视角对数字经济视域下的法定数字货币进行了研究，认为法定数字货币的流通能够弥补我国传统法定货币的支付功能缺陷，提高我国传统货币政策的有效性，促使负利率成为我国一种新的货币政策工具，推动人民币国际化进程。彭绪庶（2020）从央行数字货币的双重影响及数字人民币发行策略的视角切入，认为现阶段中国应增加央行数字货币试点，谨慎推进数字人民币发行，优化推动合作发行区域跨境数字货币。周边等（2021）通过实证研究发现，法定数字货币的发行可以提高 M0（流通中现金）比重并进一步对商业银行经营绩效产生一定程度的负向冲击。然而，在这一过程中，金融基础设施的数字化程度提高、商业银行多元化经营有利于缓解数字货币发行对商业银行的不利冲击。Agur 等（2021）认为，有息的中央银行数字货币

(特别是负回报)缓解了银行中介和维持现金的社会价值之间的权衡。Wilkins(2021)从央行数字货币的隐私及安全程度和持有央行数字货币的报酬率等现实方面切入,从更深层次探讨了央行数字货币的优化设计。Barrdear 和 Kumhof(2021)研究了中央银行发行数字货币的宏观经济后果,认为反周期的法定数字货币政策规则作为第二种货币政策工具可以大大提高央行稳定经济周期的能力,且适当的发行安排可以将商业银行所面临的风险降至最低。

2.2 有关人民币国际化研究

2.2.1 人民币国际化研究

目前,关于货币国际化(人民币国际化)的定义,学术界远未达成一致。特别地,学术界目前主要围绕货币的职能对货币国际化的定义进行多维度界定。代表性成果有:Cohen(1971)基于国际货币职能对国际货币进行了定义。Hartmann(1998)对国际货币的三大职能进行了再完善,特别地,其认为,当一种货币在发行国之外充当交易媒介、记账单位和价值储藏时,此时货币国际化才开始真正发挥作用。但需要指出的是,在人民币国际化的影响因素上,一国经济实力、货币流通的规模、货币政策的稳定程度和管制水平均会对货币稳定的信心和预期产生重要影响,由此也会进一步对货币国际化产生重要冲击(Mundell,2003)。从现有研究来看,较多的研究发现,货币国际化的影响因素主要包括币值稳定性、金融市场发展程度、经济实力以及流动性等(Chinnand Frankel,2007;Frankel,2011),各国对货币清偿能力的信任和便捷程度与货币国际化直接相连,其他各个经济因素主要是通过影响上述两个因素并进而对货币国际化产生重要影响的(Chey,2013)。同时还应指出的是,对于人民币国际化而言,根据人民币国际化的核心定义和职能,人民币国际化主要包括两个层面:第一,人民币如何成为一种可兑换货币、自由兑换的货币;第二,人民币如何成为一种储备货币。换言之，人民币国际化就是指人民币能够跨越国界，在其他的国家被使用，成为本国居民与他国非居民之间交易的媒介，并且可以被用来计价和结算，以及能够作为储备货币的一个过程。

从人民币国际化的发展现实而言，学者主要从人民币的跨境支付、国际投资者对人民币资产的境内资产的持有等不同方面展开深入研究。从中国的发展现实来看，中国人民银行于2012年开始构建人民币国际化的基础设施——人民币跨境支付系统（CIPS）。Zhang（2015）研究发现，中国政府致力于从两个方面推动人民币国际化：跨境贸易和投资中的人民币结算，以及离岸人民币市场的建设，而且自2009年以来，这两个方面都取得了重大进展。彭红枫等（2017）基于不同维度的指标，通过构建货币国际化总量指数，发现在1999—2014年，受制于中国的政策制度和金融体系等结构性因素，人民币在全球市场上使用的份额相对较低，但演化态势则呈现出逐渐上升的特征。林薇（2021）研究认为，人民币跨境使用范围不断扩展并且人民币境外清算行网络也在不断扩大，进一步的研究发现，随着我国对外金融市场的逐渐开放，越来越多的国际投资者持有人民币境内资产，即人民币资产的使用范围逐渐国际化。

关于人民币国际化的影响因素，学术界也从不同维度展开分析，归纳起来，可通过以下三支文献论述人民币国际化影响因素：

第一支文献是从总体上把握人民币国际化的影响因素。这支文献主要是通过构建人民币的国际化衡量指标，然后运用多维计量方法识别并测度异质性经济因素和结构性因素对人民币国际化的影响。代表性成果有：Taylor（2012）认为，人民币国际化在经济规模和前景、财政状况、净债权国地位和币值稳定等方面具有优势，而在金融市场发展水平和制度方面存在劣势。彭红枫和谭小玉（2017）将影响货币国际化的因素划分为经济基本面因素和结构性因素，通过构造反映经济基本面因素的人民币国际化绝对程度指数和反映结构性因素的相对程度指数，该研究发现在人民币国际化进程中，中国的金融体系和制度、资本市场开放程度等结构性因素在其中发挥着重要作用。王孝松等（2021）也采用相似的做法，将国际货币的直接使用与间接使用属性进行了有效区分,并分别考察了国际货币的影响因素。该研究发现,国际贸易和间接投资能在一定程度上促进人民币在国际上的直接使用,而对外直接投资则能促进人民币的间接使用。进一步的实证研究表明,降低政策不确定性、优化结构性政策的锚定目标有利于促进人民币国际化。

上述研究普遍认为人民币的国际化程度滞后于中国 GDP 和进出口在全球经济中的地位,其中的原因既有国际货币使用上的惯性问题,也有中国金融市场发展程度滞后等结构性因素。与上述文献相关但又有所区分的另一支文献则是通过分析国际化水平较高的美元和欧元等货币的影响因素,进而探究人民币国际化的影响因素。代表性成果有:李稻葵和刘霖林(2008)在考察人民币国际化的演化成因时,发现一国的经济发展总量、通货膨胀率、真实利率水平、汇率波动幅度是影响货币国际化的关键因素。丁剑平和楚国乐(2014)基于非线性面板平滑转换自回归(PSTR)模型,并运用非线性参数估计方法实证研究发现,国际货币的网络外部性、经济规模与净出口是货币国际化程度的重要影响因素,且上述影响具有显著的非线性特征。

第二支文献是从货币国际化的各个阶段展开分析,并分别探讨不同阶段进程中人民币国际化的影响因素,由此观察人民币国际化的动态演变过程。白晓燕和邓明明(2016)将货币国际化水平分为前、中、后三个阶段,并分别分析了经济实力、出口份额、金融市场发展程度和经济预期在每个阶段的影响。沙文兵等(2020)将货币分为已完全国际化和未完全国际化,认为货币国际化呈现出显著的阶段异质性,特别地,以人民币为例,金融市场发展程度和军事实力等非经济性因素是影响其国际化的重要因素。

第三支文献则是从国际化的人民币所必须具备的交易媒介职能、记账单位职能和价值贮藏职能出发,选取其中某个职能刻画人民币国际化程度,并考察影响货币国际化各个职能的因素。在分析影响人民币充当国际交易媒介职能的因素时,李稻葵和刘霖林(2008)基于国际贸易中结算币种的构成,发现货币发行国的贸易量对该国货币国际化进程具有重要作用。

肖鹞飞和肖婧莹（2012）采用动态随机一般均衡模型（DSGE），证实了国际贸易中结算货币的选择与中国商品所占的市场份额和产品的差异化程度有关。即便货币发行国已经具备一定的经济实力，但由于国际结算中货币使用的惯性和转换成本的存在，新兴货币也难以发展成为国际货币（王慧、刘宏业，2012）。林乐芬和王少楠（2016）认为，"一带一路"所带来的欧亚贸易和中国对外投资额的上升可以在一定程度上发挥人民币的国际结算职能。沙文兵等（2020）构建了人民币国际化的分职能指数，指出近年来人民币国际化地位的上升主要依赖于货币的交易媒介职能，同时，金融市场稳健程度、汇率波动率和外汇衍生品币种结构是决定交易媒介职能的重要推动因素。

在分析人民币充当国际记账单位的影响因素时，Goldberg 和 Tille（2005）将各种影响计价货币选择的因素纳入一个理论模型进行研究，该研究结果表明，出口产品的差异化程度越高、出口产品占世界份额越大，货币国际化程度越高。罗忠洲和徐淑堂（2012）在 Goldberg 和 Tille（2005）模型的基础上进一步引入贸易国利差，通过分析日元与美元利差对计价货币选择的影响，最终发现贸易国利差是影响人民币作为国际记账单位的重要因素，换言之，货币币值稳定和货币政策的相对变化是影响人民币国际化的重要因素。李稻葵和刘霖林（2008）借用国际债券中的币种结构来反映国际货币的记账单位职能，他们发现一国强大的经济实力和载体货币的升值潜力都能促进货币国际记账单位职能的发挥。杨荣海和李亚波（2017）计算了中国实际资本账户开放度，发现尽管我国货币政策没有真正在表述中将汇率作为"货币锚"，但在货币政策的操作经验中，与中国经济交往密切的国家已经将人民币作为隐形的"货币锚"，而且资本账户的开放能够增强人民币作为国际记账单位的职能。

在分析人民币充当国际价值贮藏的影响因素时，元惠萍（2011）通过分析美元、欧元、英镑和日元在国际货币储备中的构成，指出一国的经济实力是影响该国货币能够多大程度上充当货币储备的关键因素，同时货币使用上的惯性使得美元和欧元呈现出强者更强的特征。姜晶晶和孙科（2015）

采用动态面板广义矩方法研究指出，汇率波动、贸易结构、金融市场发展水平、财政稳健和货币使用惯性会对人民币作为国际储备货币产生影响。李军林等（2020）通过构建随机交易需求的国际货币需求模型，指出一种货币在其他国家货币储备中所占的份额受到该国机会成本、短缺成本、转换成本、收益率和交易需求的影响。朱孟楠和曹春玉（2019）将影响人民币作为外汇储备的因素分为"一带一路"倡议提出前和提出后两个部分，他们指出对中国倡导的国际秩序、人民币双边互换协议和美元贬值是"一带一路"倡议提出前持有人民币作为外汇储备的原因，对中国海外直接投资流入的依赖和中国资本市场的逐步开放是"一带一路"倡议提出后将人民币作为外汇储备的原因。Huang等（2014）基于量化分析方法比较了纳入政策和制度性因素之后人民币在国际储备货币中所占的份额差异，指出政策限制和金融制度落后是限制人民币成为国际储备货币的主要原因。

Chinn等（2008）基于跨国调查数据实证分析发现，国家经济实力、币值稳定、金融市场发展水平和货币惯性是影响货币国际地位的重要因素。基于此，我们还可以将相关的影响因素分为对内因素和对外因素。其中，在对内因素方面，涉及的影响因素比较多，包括金融市场发展、预期、货币政策等，代表性成果有：沙文兵等（2020）认为金融市场的稳健性能够影响一国货币的国际化进程，金融市场的波动性下降有利于为外国投资者形成稳定且一致的预期，这对于提高货币信心具有重要作用。毕燕君和李晓璐（2020）通过实证分析发现，经济增速是人民币国际化的重要影响因素之一，价格型货币政策（利率等）以及其他因素也会带来一定程度的影响。在对外因素方面，王晓芳和杨永健（2021）研究发现国际负债会抑制人民币国际化的发展，维持较低的国际负债规模、避免国际负债规模的扩大有利于人民币国际化进程的推进。王孝松等（2021）实证研究表明，货物贸易和直接投资能够促进人民币国际化在内涵边际和外延边际的增长，换言之，通过加强与各伙伴国的经济往来，能够在一定程度上有序助推人民币国际化的进一步发展。

2.2.2 国际资本流动的影响成因

目前，伴随着人民币国际化的有序推进，国际资本流动的演化成因及动态特征一直是学界较为关注的重点问题。其中，针对国际资本流动的影响因素，学术界展开了丰富的研究，取得了重要的价值性成果。Kouri(1974)研发发现，资本流动能够在一定程度上消除国内的货币过度需求，能够在很大程度上提高货币政策的有效性。周八骏(1987)分别从广义和狭义层面对国际资本流动进行了有效划分：狭义的国际资本流动是指不同国别之间的资本流动；而广义的国际资本流动是指不同民族之间的新型资本流动，其所有者多为政府、企业，或者跨国公司。此外，影响国际资本流动的因素相对较多，而且不同因素影响的路径和特征也存在很大差异。同时，随着时代的变迁与国内国际环境的变化，亦有较多影响国际资本流动的新因素。此外，还需指出的是，在国际资本流动决定理论方面，目前已经形成了利差决定说、资产组合说、货币政策作用说等经典学说。特别地，Maede(1951)通过构建资本流量的模型，基于实证结果表明资本流动取决于资本账户之间的潜在利差。Markowitz(1952)认为，投资者总是想要在收益和风险之间找到最佳的均衡点，因此，资产的分布取决于对收益和风险的预测。

需要指出的是，在国际资本流动理论框架下，还有很多学者对国际资本流动的影响因素进行了进一步细化。代表学者有：汪洋(2004)通过分析1994—2002年中美两国之间的资本流动特征及其演化成因，认为利率差异和通胀差异是影响两国之间短期资本流动的重要因素，而且研究还发现资本流动倾向于从低利率或高通胀的国家流出。王琦(2006)认为，利率、汇率、通货膨胀、资本市场开放和政策因素均是影响中国资本流动的重要因素，其中资本市场开放是促进我国参与国际资本流动的有利因素，且利率和汇率等因素对我国资金流动的影响会随着资本市场的开放而逐渐增强。董有德和谢钦骅(2015)研究了汇率的波动、市场流动性以及其投资者预期对于新兴经济体资本流动的影响及其潜在的区制异质性特征，研究发现，资本流动性增强阶段主要是由全球流动性增强导致的；对于资本停止阶段而言，国际资本波动程度增强会引发资本的总供给降低，此时对于新兴市场国家而言，其国际资本流动在该区间内倾向于进入停止阶段，特别地，如果资本波动性程度增强，风险的加剧还会引发资本的外流，进而对经济发展产生不利冲击。最后，投资者对全球经济的预期将会好转。随着新兴市场国家经济的增长，投资者将减少购买外国资产，外逃资本的数量就会减少，从而进入资本投资紧缩阶段。

  随着经济全球化和国际金融一体化的快速发展，影响国际资本流动的因素较多且愈加复杂。特别地，随着全球老龄化社会的到来，范小云和潘赛赛(2008)提出人口老龄化也成为影响国际资本流动的新因素，步入人口老龄化社会的发达经济体的投资者会将资本投资到那些尚未步入老龄化的新兴经济体国家中，从而增加该国的资本流入，由此会进一步影响国际资本流动。傅钧文(2012)从国际资本流动的证券化、衍生化以及全球化的角度来研究国际资本流动，指出当外国投资者对于经济体增长的预期表现为积极信号时，国际资本会流入市场。相反，如果国家的资本监管制度相对严格，资本则表现为流出状态。此外，国家外汇制度的灵活性强也会在一定程度上吸引国际资本的流入。朱超等(2013)分别从静态和动态双重视角探析了人口年龄结构与国际资本流动的关系。研究发现，人口抚养比与资本呈正相关关系，具体而言，低抚养比的人口结构倾向于输出资本，而高抚养比的人口结构倾向于输入资本；但是这种关系并非一成不变，特别是当人口结构变化较大时，国际资本流动的方向很有可能会出现逆转现象。Feldstein(2007)从国际储蓄的角度分析了国际资本流动的市场，且发现国际储蓄与资本流动呈正相关性，特别地，一国的储蓄率越高，资本越倾向于呈现出流入状态。Lu(2016)基于向量自回归(VAR)模型，实证分析了资产价格波动(以房价为代表)和国际资本流动之间的动态相关性，研究结果表明，当房地产价格上涨时，房价与国际资本流动之间的相关系数较高，由此会进一步导致短期国际资本流入。Kazuyuki(2021)通过比较静态分析发现，老年人劳动供给时间延长可以影响国际资本流动，特别地，该研究还表明制度因素也是影响国际资本流动的重要因素之一。

需要指出的是,对于不同的经济体而言,国际资本流动演化成因也有差异。对于中国而言,由于我国经济发展的基本特征和金融发展模式具有独特性,我国国际资本流动与发达经济体也具有明显的异质性特征。王国松和杨扬(2006)从物价因素、利率因素以及汇率因素等多维视角对国际资本流动的影响因素展开实证研究,结果表明,人民币汇率水平、汇率预期及物价水平在国际资本流动中发挥着重要作用,特别地,人民币汇率预期、物价水平以及人民币汇率对国际资本流动的影响具有显著的异质性特征。冯彩(2008)基于1994—2007年发展的特征事实,证明我国国际资本流动与其影响因素之间存在着显著的长期均衡关系,特别地,该研究发现良好的宏观经济环境、人民币汇率以及国内外真实利率的差异与国际资本流动之间存在显著的协整关系,也即经济基本面、人民币汇率与利率之差之间存在长期的均衡关系。王世华和何帆(2007)以短期资本流动为对象,重点研究我国资本流动规模、资本流入流出的影响因素。具体而言,在长期中,利率变动和人民币预期升值率均为影响我国短期资本流动的重要因素,相对而言,人民币升值的预期影响更重要。李宏和钱利(2011)结合中国国际资本流动的特征事实,实证探索了人民币汇率变动对国际资本流动影响的特征及其成因,研究发现,人民币汇率的适度升值和长期稳定倾向于引发国际资本流入,否则将不利于国际资本的有序流动。

总体而言,学者们已经从多维角度对国际资本流动影响因素展开了不同层面的实证分析,并得出了诸多有价值的研究结论。其中,部分研究基于传统的国际收支理论模型,或者针对不同经济体,或者依据不同的经济发展模式,深入探索了国际资本流动的动态演化特征和演化成因。还有学者拓展了传统的因素,根据新的经济发展阶段和特征探讨国际资本流动的深层次因素。需要指出的是,在这部分研究中,学者还从中国的发展现实出发,基于人民币汇率变动以及汇率预期视角来研究其对国际资本流动的影响。但是需要指出的是,综观上述研究,鲜有学者从数字货币化以及人民币国际化的角度来研究其对国际资本流动的影响。随着数字货币或者虚拟货币的迅速发展，其逐渐渗透到我们的经济生活中，因此，本书从数字货币化的角度来考察其通过国际资本而对人民币国际化的影响。

2.2.3　数字货币与国际资本流动

目前，关于数字货币对国际资本流动影响的研究还相对较少。特别地，对于私人数字货币而言，袁磊和潘海峰(2020)以比特币为研究对象，阐释了数字货币与资本外逃的同期相关性。同时，不乏有学者基于事件研究法考察数字货币对人民币国际化的影响，例如，Carlson(2016)等发现当多个国家面临突发事件或不确定事件冲击时，比特币等数字货币会出现溢价快速增加等异常迹象。特别地，当黑天鹅事件发生时，避险资本会大量流出，形成短期内较大规模的资本外逃，数字货币由于其具有运行去中心化、交易匿名化、账本不可篡改、供给稳定有限可预知等特性而成为资本外逃的途径。Ju 等(2016)重点分析了比特币渠道的资本流出，研究发现，当资本呈现出明显的大幅流出时，决策部门及时进行政策切断有助于抑制比特币渠道的资本流出。Pieters(2016)、Yu 和 Zhang(2017)研究发现，比特币的溢价能够在一定程度上反映一国的资本流出成本、资本控制程度和汇率制度安排，换言之，国际资本流出成本越高、资本控制程度越大，越能够在一定程度上加剧比特币溢价。赵廷辰(2020)研究发现，由于私人数字货币的独特性，其很有可能会通过改变金融体系的结构而对全球经济和金融产生影响。

BIS(2020)将央行数字货币定义为不同于现金和传统准备金的中央银行直接负债，调查数据显示，目前全球已经超过 80% 的国家和地区对央行数字货币展开系统性研究与分析，其中发达国家在其中发挥的作用相对处于前列(Boar and Wehrli, 2021)。保建云(2020)对数字货币的风险效应展开分析，研究发现数字货币跨境交易可能会对金融系统产生冲击，其中的潜在传导机制在于，数字货币跨境交易会对人民币国际化产生重要影响，并对货币竞争产生重要影响。刘凯等(2020)研究发现，央行数字货币对经济的影响受多种因素的影响，特别地，央行数字货币对经济的影响与一国的金融监管、经济增长等多种因素密切相关。

2.3 有关数字人民币与人民币国际化的研究

目前，伴随着数字货币的有序发展，数字货币的关注度不断提高，加快研发和推出以国家信用为基础的法定数字货币成为近年来各国央行的重点工作，我国目前对于法定数字货币的研究处于世界领先水平。已有的研究普遍认为数字货币会对人民币国际化的进程产生重要、积极的影响。特别地，目前，学术界主要从以下两个维度对上述影响进行研究：第一，数字货币对现有的国际货币体系带来的冲击加速了多元化发展的进程；第二，数字货币为人民币国际化带来了全新的机遇。具体概述如下：

在数字货币对国际货币体系的影响方面，Kurien和Bernard（2020）研究发现，随着中国"一带一路"和亚洲基础设施投资银行等国际投资项目的发展，数字货币对国际金融体系的影响将会发生重要作用，特别地，数字货币的发展很可能会重塑金融体系。王朝阳和宋爽（2020）认为，数字货币的出现会重塑传统的跨境支付体系，给美元体系带来挑战。戚聿东等（2021）研究发现，数字货币并未从本质上改变国际货币体系的演化逻辑，而是加速了多元化发展的进程，通过技术赋能缓解了货币市场失灵现象，并通过货币职能的"解绑"和"重组"形成了全新的货币国际化路径，由此重塑国际货币体系。朱晨之和庄尚文（2021）表明我国发行数字货币会在一定程度上影响国际货币的交易现状，通过构建数字货币体系，可以动摇美元在国际货币体系中的霸权地位，建立一个没有金融霸权的国际货币体系。

在数字货币为人民币国际化带来的机遇方面，杨晓晨和张明（2019）研究发现，我国央行数字货币（DC/EP）的发展可为人民币国际化深入实施创造有利条件，对于提升我国的国际地位和话语权发挥着重要的积极作用。王旭和贾媛馨（2020）认为，在目前现有的国际货币体系中，由于网络的外部性等，很难会有一种货币成为一种新的国际货币，但是如果在数字货币体系下，货币转换的成本以及惯性会大大降低，这会为人民币国际化的进程带来一定的机遇。孟刚(2021)从货币政策的独立性、国际规则、人民币跨境支付系统、跨境投资和贸易中的货币格局以及金融合作和安全五个方面,提出法定数字货币有助于人民币国际化。石建勋和刘宇(2021)认为,法定数字人民币将提升人民币在国际支付体系中的份额,从而增加人民币的网络外部性,进一步增强人民币的价值贮藏和世界货币职能,以此助推人民币国际化的进程。

3

数字人民币（DC/EP）与人民币国际化的理论研究

近年来，随着数字经济的发展，各国央行相继加大了对本国央行数字货币（CBDC）的研究和开放力度，研究不仅有微观角度的操作架构、技术使用和隐私保护等，也有对金融稳定、金融体系和货币政策等所带来的经济影响的宏观分析，特别地，跨境层面（如跨境支付）的研究已经成为亟待进一步拓展的研究前沿。此外，尚有一系列问题，特别是 CBDC 跨境层面的问题亟待解决，需要进一步拓展研究前沿领域。

3.1 数字人民币（DC/EP）的相关理论

为了深入理解数字人民币（DC/EP）对人民币国际化的影响，本书首先研究数字人民币的产生与发展。特别地，本书将沿着从数字货币的演进、私人数字货币的产生，到法定数字货币（数字人民币）的产生与发展的历史脉络展开研究。数字人民币（DC/EP）是中国的法定数字货币或中国的央行数字货币（CBDC）。

数字货币，包括私人数字货币（非法定数字货币）和法定数字货币。

私人数字货币是指不是以国家，而是以私人（机构）作为发行主体发行的数字货币。私人数字货币其发行主体、流通范围、法律地位和信用支持等均与法定数字货币有很大差异，因此，从这一角度而言，私人数字货币并非真正意义上的货币。

受公信力的约束，法定数字货币的发行主体通常为国家或政府，在大多数国家中，通常由央行代为发行，也即央行数字货币。关于央行数字货币（CBDC），目前没有统一的、标准的定义。国际货币基金组织（IMF）对央行数字货币的定义是:一种新型的货币形式,由中央银行以数字方式发行的、有法定支付能力的货币。

数字人民币(DC/EP)是人民银行发行的法定货币的数字化形式,一般由中国人民银行指定的运营机构参与运营,特别地,由于我国是以商业银行为主导的间接融资体系,参与运营的机构通常为商业银行,同时还需指出的是,数字人民币与实物人民币价值相同,并具有无限法偿性。①

3.1.1 数字货币和数字人民币的产生与发展

法定数字货币是私人数字货币发展到一定阶段的产物,因此,研究法定数字货币的产生,需要从私人数字货币开始。

3.1.1.1 数字货币的演进

数字货币的演进可从三个角度来看,即载体的演进、形态的演进与信用的演进(见图3.1)。载体上,由贝壳到一串代码的数字货币;形态上,从有形的实物到无形的数字货币;信用上,从货币本身有价值到无价值的数字货币。

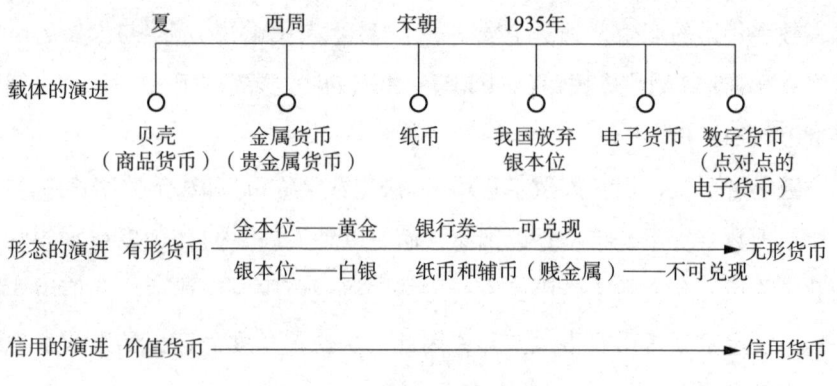

图3.1 数字货币的演进

---

① 中国人民银行数字货币研发工作组.中国数字人民币的研发进展白皮书[Z].2021-07.

3 数字人民币（DC/EP）与人民币国际化的理论研究

从货币的演进来看，货币的便携性越来越高（数字货币只是一串代码）、制造成本越来越低（数字货币的制造成本几乎为零），使用和支付的效率大大提高（数字货币理论上可以秒到账）。

3.1.1.2 数字货币的产生与发展

数字货币的产生，最早可以追溯到 1982 年的 E-Cash。数字货币由早期的私人数字货币（从中心化到去中心化），发展到后来的法定数字货币（央行数字货币）。数字货币的谱系见表 3.1。

表 3.1 数字货币的谱系

发展阶段			时间	提出者	所在机构	技术	代表货币	锚定物
私人数字货币	中心化		1982—1998 年	大卫·乔姆（David Chaum）	DigiCash 公司	盲文签名	E-Cash	智能合约算法
			1996 年	道格拉斯·杰克逊（Douglas Jackson）	E-gold 公司	未采用密码技术	E-gold（电子黄金货币）	
	去中心化	普通加密货币	1998 年	戴伟（Wei Dai）	—	分布式账本技术（DLT）	B-money	
			2005 年	尼克·萨博（Nick Szabo）	—	工作量证明（PoW）	Bitgold（去除 B-money 缺陷）	
			2008 年 11 月 1 日	中本聪（Satoshi Nakamoto）	—	分布式账本、共识机制和加密技术	Bitcoin（比特币）	
			2015 年 11 月 1 日	杰弗里·维尔克（Vitalik Buterin）	—	区块链 2.0	ETH（以太币）	
		稳定币	2014 年 9 月	Daniel Larimer（BM）	—	区块链技术	BitUSD（比特币美元）	美元
			2015 年	Tether 公司	Tether 公司	区块链技术	泰达币 USDT（Tether USD）	美元、黄金等
			2017 年 12 月	Makerdao	各类私人机构	区块链技术	DAI	其他加密数字资产
			2018 年 5 月	TrustToken 公司	TrustToken 公司	区块链技术	TUSD（True USD）	美元

续表

发展阶段		时间	提出者	所在机构	技术	代表货币	锚定物
法定数字货币	央行数字货币	2015年2月至2018年3月	厄瓜多尔	中央银行	区块链技术加密货币	EDC厄瓜多尔币	国家主权信用
		2017年9月	日本	中央银行（BOJ）（日本银行联盟）		Digital Yen（J-COIN）	
		2017年11月3日	乌拉圭	中央银行（BCU）	区块链技术加密货币	E-Peso数字比索	
		2017年12月	委内瑞拉	中央银行	区块链技术加密货币	PTR（Petro石油币）	
		2017年年末	中国	中央银行	综合使用含区块链的多种技术	E-CNY（DC/EP）	
		2019年11月	突尼斯	中央银行	区块链技术加密货币	E-dinar	
		2019年2月	伊朗	中央银行	区块链技术加密货币	Paymon	
		2020年2月	瑞典	中央银行	区块链技术加密货币	E-Krona（电子克朗）	
		2020年2月	加拿大	中央银行	区块链技术加密货币	CAD-Coin（数字加元）	
		2020年3月	美国	美联储数字美元基金会	区块链技术加密货币	Digital Dollar（数字美元）	
		2020年7月	立陶宛	中央银行	区块链技术加密货币	LBCOIN	
		2020年10月	欧洲中央银行	欧洲中央银行（ECB）	区块链技术加密货币	Digital Euro（数字欧元）	
		2019年	新加坡	中央银行		Ubin第五阶段	

注：EDC（Ecuador Digital Currency）厄瓜多尔币，是全球首个央行数字货币（CBDC）。
资料来源：根据相关资料整理。

表3.1中按时间顺序详细列出了私人数字货币、法定数字货币（央行数字货币）、数字人民币的相互关系，厘清了数字人民币的来源、数字货币发展的阶段、代表货币等。为了更进一步地研究全球央行数字货币不同的推进情况，笔者按照推进的进展制作了表3.2。

表3.2 全球央行数字货币(CBDC)研发进展

阶段	国家	时间	进展
研究	欧盟	2016年	欧洲央行与日本央行联合启动批发型央行数字货币研究项目
		2020年10月	公布了零售型CBDC的数字欧元(Digital Euro)研究报告
	英国	2015年	英国央行(BoE)提出了双层运营、零售型央行数字货币RSCoin项目，2021年4月，英国央行和财政部联合组建CBDC工作组，但CBDC仍处于评估阶段，未有具体引入数字货币的计划
	美国	2020年3月	众议院金融服务委员会探讨使用数字美元(Digital Dollar)帮助疫情受困者
		2020年5月	美国CFTC前主席Christopher Gianchrlo牵头的数字美元项目(Digital Dollar Project)发布白皮书，详解了法定数字货币的潜在应用、使用现有商业银行和受监管中介机构双层体系进行分配。CBDC目前仍处于论证阶段
	G7	2020年7月	七国集团基本决定将就发行央行数字货币展开合作
	日本	2020年7月	日本政府正式提出将央行数字货币列入近期内阁会议上通过的经济财政运营和改革基本方针中
		2021年4月	日本央行(BoJ)启动概念验证的第一阶段试验，并持续到2022年3月
	韩国	2020年5月	发布报告，计划在2020年12月底进行央行数字货币的设计、技术审查、业务流程分析和咨询等，2021年1月至12月开展小范围试点测试
	印度	2020年1月	印度国家治理研究所(NISG)提交《国家区块链战略》草案，建议央行发行数字货币
	加拿大	2020年2月	加拿大央行(BOC)发布了零售数字货币应急计划，以应对可能需要推出本国数字货币的情况
测试	新加坡	2016年11月	新加坡金融管理局(MAS)推出了Project Ubin计划，已完成所有测试
	中国	2019年9月	开始闭环测试
		2020年4月	中国农业银行、中国银行对数字人民币钱包开展内测，并在雄安新区举办了数字人民币的试点推介会
		2021年2月	中国人民银行、中国香港金管局、泰国央行和阿联酋央行联合发起CBDC跨境支付应用的多边央行数字货币桥(m-CBDC Bridge)研究项目
	土耳其	2019年11月	土耳其总统指示政府于2020年底完成"数字里拉"测试
	突尼斯	2019年11月	突尼斯央行数字货币(E-dinar)以测试形式推出
	泰国	2019年12月	泰国央行与中国香港金融管理局(HKMA)完成央行数字货币联合研究计划(Inthanon-LionRock)，成功开发以DLT为基础的概念验证原型

阶段	国家	时间	进展
测试	阿联酋	2019年12月	阿联酋货币管理局与阿联酋央行共同启动"Aber"的共同数字货币项目
	瑞典	2020年2月	宣布开始电子克朗（E-Krona）的测试
	法国	2020年3月	征集央行数字货币实验应用方案
		2020年5月	完成基于区块链的数字欧元第一次测试
	澳大利亚	2021年1月	澳大利亚中央银行（RBA）在以太坊支付系统进行了央行数字货币的模拟测试
推出	厄瓜多尔	2015年2月至2018年3月	发行厄瓜多尔币 EDC
	乌拉圭	2017年11月	发行数字比索（E-Peso）
	委内瑞拉	2017年12月	发行石油币（Petro），以解决通货膨胀下的货币结算问题
	立陶宛	2020年7月	发行全球首套以区块链为基础的数字货币 LBCOIN
	伊朗	2019年2月	发行由黄金支撑的 Paymon，计划在场外加密货币交易所使用

资料来源：根据相关资料整理。

数字货币的产生和发展经历了从"中心化"到"去中心化"的发展阶段，具体内容如下：

(1)"中心化"数字货币的快速发展阶段

数字货币产生时是"银行、个人、商家"中心化的三方模式。

数字货币的产生，最早可以追溯到 1982 年，大卫·乔姆（David Chaum）在 1982 年发表了一篇题为《用于不可追踪的支付系统的盲签名》的论文，这是关于数字货币的最早理论，论述了盲签名（一种特殊的数字签名，实现了交易的"匿名性"）。1989 年，大卫·乔姆成立 DigiCash 公司，提出了人类史上第一个数字货币 E-Cash（满足了人们不携带实物货币的便携性要求），因此被冠称为"加密货币之父"以及"区块链奠基人"。E-Cash 是一种中心化的数字货币，由私人机构（DigiCash 公司）发行，并需要一个中心机构提供无须携带实物货币的始终运行的便携性服务器。由于DigiCash公司没有一个中心机构来管理始终运行的服务器，同时由于公司管理不善、银行和监管机构难以支持匿名交易，因此于1998年被迫破产。但是大卫·乔姆创立的数字货币的理论及其研发的E-Cash数字货币，却引起了大量数字货币研究者的兴趣。

1996年，道格拉斯·杰克逊（Douglas Jackson）成立E-gold公司，研发了数字货币E-gold。E-gold与黄金按照1∶1的比例锚定黄金并可以与法币兑换，其比银行账号、信用卡更方便快捷的跨区域划转优势，让E-gold得到了迅速的发展。E-gold在2000—2009年迎来了十年发展的黄金期，但由于E-gold系统的匿名性，其成为黑客洗钱的工具并屡遭黑客攻击，最终迫于监管部门的压力而破产。当然，E-gold与E-Cash一样，都始终需要一个中心机构来运作，这也是其最终破产的一个重要原因。E-gold在技术上没有采用密码技术，与密码数字货币没有关系，但在广泛的需求推动下，取得了快速发展。一方面，其证实了市场的需求；另一方面，其激发了此后数字货币的研究热潮。

（2）"去中心化"数字货币的发展阶段

第一，引入分布式账本技术。

1998年，戴伟（Wei Dai）首次将分布式账本技术（DLT）应用到数字货币中，研发了数字货币B-money，开创了"去中心化"数字货币的先河。

中心化的数字货币，只有一个位于中心的人进行记账，资金流向只能从这个中心的记账本上追踪查询；去中心化的数字货币（分布式账本技术应用下的数字货币），是当发生一笔交易时，全网每个节点的用户都进行记账，资金流向可以从任何一个节点的账本上追踪查询。

分布式账本在解决了去中心化问题的同时，也出现了数据能否达成一致的问题，所以需要适合的共识机制来解决一致性问题。区块链是一个分布式存储的系统，为了使各个节点存储的数据保持一致，区块链系统引入了共识机制，也是防篡改机制。

去中心化的数字货币B-money，因为没有适合的共识机制，导致出现了重复支付和货币生成两大问题。关于重复支付问题，戴伟想通过服务器账户进行记账，且设计赏罚规则来预防作弊，但有效性不尽如人意；关于货币生成问题，戴伟想通过计算量的成本来获得相应价值的数字货币，但计算技术发展太快，计算量的成本很难准确获得。因此，B-money 最终未能获得实际应用，但其分布式记账技术的理念对数字货币影响巨大，此后的数字货币的底层技术基本都采用了分布式记账技术。具有代表性的比特币，其白皮书（《比特币白皮书》）的第一处引注就使用了 B-money 白皮书的相关内容。

第二，引入共识机制。

2005 年，尼克·萨博（Nick Szabo）将工作量证明（Proof of Work，PoW）（最早被引入区块链中解决共识机制的方法）的共识机制应用到数字货币中，设计了数字货币 Bitgold，解决了 B-money 存在的一致性和货币生成的缺陷问题，使得数字货币的发展又向前大大迈出了里程碑式的一步。但由于尼克·萨博自己不擅长程序编写，且未找到合适的程序开发人员，Bitgold 的设计并没有实现应用，但 Bitgold 已经很接近比特币了。

第三，去中心化的加密货币。①比特币的产生。比特币是第一种去中心化的加密货币。2008 年 11 月 1 日，中本聪（Satoshi Nakamoto）发表论文并提出"点对点"的电子现金系统，将大卫·乔姆的三方"中心化的"交易模式转变为二方"去中心化的"点对点的交易模式。打破了以银行为中介的模式，通过分布式账本来实现，是基于去中心化、共识机制的加密货币。2009 年 1 月 3 日，比特币算法的程序被中本聪开发完成并挖出了第一个区块链的区块（创世区块），此后各种密码货币层出不穷，基于区块链不同技术的各种数字货币不断涌现，截至 2018 年 6 月就有超过 2000 种，每天都有新的数字货币产生，当然也有很多数字货币消亡。②山寨币的发展。比特币之外的加密货币，被统称为山寨币（Altcoin），或称为替代币、竞争币。在某种意义上，其之所以称为山寨币，是因为这些加密货币或多或少地采用了比特币的设计理念、原理和源代码，是与比特币有些相似的加密货币。其中包括：以太币（ETH，被视为"比特币 2.0 版"）、莱特币（Lite-

Coin，LTC，交易速度快，生成区块速度只需 2.5 分钟，而比特币需要 10 分钟；家用电脑可以挖矿获利）、达世币（DASH，原名暗黑币，以保护隐私为要旨，受黑市欢迎）、门罗币（XMR，Monero，重于隐私、分权和可扩展性，有更强的隐私保护性，防止双花攻击）、瑞波币（XRP，Ripple，使得加密货币可在整个 ripple 网络中全球流通，方便跨国转账）等。

由于私人数字货币的波动性太大、币值不稳定，交易结算、计价、价值贮藏等货币职能很难发挥，数字货币研究者们提出了"稳定币"（Stable-coins），稳定币是一种价格相对稳定的加密数字货币，通过设计一些模型使其在锚定标的（通常为法币）的区间内波动，使其币值（购买力）相对稳定、货币职能得以发挥。2014 年，第一次产生了 BitUSD（比特币美元）、NuBits（USNBT）和 CoinoUSD（xUSD）三个稳定币。

3.1.1.3 法定数字货币的产生与发展

数字货币发展到法定数字货币阶段后，其价值开始被挖掘，尤其是其具有的秒到账、零成本、匿名性等天然的国际化货币优势被认识之后，各国开始高度关注，近年来已形成追赶、角逐之势，尤其是发达经济体或金融市场发达的国家，都在进行紧锣密鼓的研发和试点。

2015 年 2 月，厄瓜多尔央行发行了央行数字货币——"厄瓜多尔币"（EDC），并在全国推行，这是严格意义上正式推出央行数字货币的全球最早的国家，"厄瓜多尔币"（EDC）也是严格意义上最早的法定数字货币，但由于未被普遍接受而于 2018 年 3 月停止。近年来，各国纷纷加入研发央行数字货币（CBDC）的行列，多国家联合研发亦成为潮流，例如，2020 年 1 月，欧盟、英国、日本、加拿大、瑞典和瑞士六大央行就联合组建了一个研究央行数字货币（CBDC）发行的研究组。为了能更好地理解数字人民币（DC/EP）对人民币国际化影响的外部环境，本书梳理出了力图能最大限度代表全球"法定数字货币的产生与发展"的 11 个典型国家（组织），国家（组织）的排序，首先按照世界货币排名所对应的国家，其次按照数字货币的进展快慢程度，具体顺序为：美国、欧盟（德国、瑞典）、英国、日本、澳大利亚、加拿大、新加坡、韩国、俄罗斯、泰国和巴哈马。详细分析如下：

（1）美国

美国对法定数字货币的探索处于前沿水平，最具代表性的事件是 IBM 发行数字法币和 Facebook 发行天秤币（Libra）。2018 年 7 月 18 日，IBM 宣布发行 CBDC，8 月 30 日，IBM 公开发行 CBDC，并得到美国政府的联邦存款保险公司 FDIC（Federal Deposit Insurance Corporation）的支持，由美国政府担保。

2018 年 1 月 12 日，美国财政部长史蒂芬·努钦（Steven Mnuchin）表示，美国金融稳定监督委员会（Financial Stability Oversight Council，FSOC）（其职能主要是评估金融体系的风险）已经组建了加密货币工作组。

2019 年 6 月 18 日下午 5 时，Facebook 公司发布了加密货币天秤币（Libra）①的白皮书(《加密货币和基于区块链的金融基础设施项目白皮书》)，这一举动引起了全球各国央行的高度关注，成为各国研究、研发数字货币的"催化剂"。

2020 年 2 月 5 日，美国联邦储备委员会理事莱尔·布雷纳德（Lael Brainard）表示，美联储正在考虑发行"数字美元"（Digital Dollar）。

（2）欧盟

①德国。德国作为全球第一个承认比特币合法地位的国家，于 2019 年 10 月宣布考虑引入央行数字货币，即 E-Euro。

②瑞典。2017 年，瑞典中央银行就开启了央行数字货币（CBDC）的研发工作。

2018 年 4 月，瑞典中央银行（Sveriges Riksbank、Riksbanken）作为世界上历史最悠久的中央银行首次与 IOTA 合作推出了央行数字货币电子克朗（E-Krona）。

---

① 天秤座协会（Libra Association）的总部设在瑞士，Facebook 创建了受监管的子公司 Calibra，其创始成员包括：Mastercard、PayPal、Visa、Stripe、eBay、Coinbase、Andreessen Horowitz 和 Uber，其潜在用户达到 27 亿。

2019年11月,瑞典中央银行行长公开表示,未来将使电子克朗(E-Krona)成为法定货币,用作对现金的补充,以减少对私人支付系统的依赖。

2020年后,瑞典央行又宣布与埃森哲集团签署为期一年的试点项目协议,项目将尝试提供通过银行卡、智能手机和可穿戴设备来进行电子克朗的支付。

2020年2月,瑞典中央银行公开宣布开启测试电子克朗(E-Krona)的相关工作。(部分内容参见6.4.2 数字欧元的应用实践)

(3)英国

英国央行一直考虑发行央行数字货币,2020年1月评估了央行数字货币的潜在影响,并与国际清算银行(BIS)、日本央行等组建了合作小组进行深入探讨。

2020年3月,英国央行(Bank of England)发布了《央行数字货币:机遇、挑战与设计》,并提出单层运营央行数字货币(CBDC)的模式。

2020年4月,英国央行和英国财政部宣布成立联合特别工作组,并设一个新的央行数字货币(CBDC)部门,用数字英镑改善支付系统,英国从此进入CBDC的全球潮流。

2021年10月14日,为推动英国央行数字货币"数字英镑",多家公司牵头正式成立了"数字英镑基金会"(Digital Pound Foundation),创始公司有Accenture(埃森哲)、Avalanche(雪崩)、Billon Group、CGI Group、Electroneum、Quant和Ripple等。"数字英镑基金会"的目标在于确保英国在全球央行数字货币中具有重要地位,支持"数字英镑"和"健康的数字货币生态系统"的推出。(部分内容参见6.4.3 数字英镑的应用实践)

(4)日本

日本一直想提升日元的国际货币地位,日元国际化曾因缺少货币政策独立性等因素而失败,数字日元成为其日元国际化途径的意图很明显,2016年5月,日本国会批准了"加密电子货币"的新法案。同时,也一直紧盯数字人民币的研发情况。2019年年底数字人民币首批试点地区确定后,2020年2月,日本央行就与很多国家的央行开展了CBDC的利弊研究。

(5)澳大利亚

2018年10月,澳大利亚中央银行(澳大利亚储备银行,Reserve Bank of Australia,RBA)副行长Michelle Bullock向媒体表示,澳大利亚央行还未确定有必要发行数字澳元。并表示,在使用数字货币之前,要有经过验证的使用案例。2020年1月,澳大利亚中央银行开展了在以太坊网络的支付系统上运行央行数字货币的模拟测试。

(6)加拿大

2020年2月,加拿大中央银行(Bank of Canada)的官员表示尚未有发行CBDC的计划,但已有零售数字货币应急计划,以便应对发行央行数字货币(数字加元)时的需要。2020年12月,加拿大中央银行副行长蒂莫西·莱恩(Timothy Lane)对外宣称,加拿大发行央行数字货币可能"比预期要早"。(部分内容参见6.4.5 数字加元的应用实践)

(7)新加坡

2016年11月14日,新加坡金融管理局(Monetary Authority of Singapore,MAS)启动了Project Ubin项目,在全球央行数字货币(CBDC)研发进展中,其是除数字人民币(DC/EP)之外,全方位考虑进展最快的央行数字货币项目,令人高度关注。

2019年5月2日,新加坡金融管理局(MAS)与加拿大中央银行(Bank of Canada,BOC)宣布,双方已经共同开展了两个中央银行之间的央行数字货币(CBDC)跨境以及跨境支付的测试。(部分内容参见6.4.6 数字新元的应用实践)

(8)韩国

2020年2月,韩国中央银行(韩国银行,Bank of Korea)成立央行数字货币(CBDC)研究的专项工作组。2021年5月,其计划对央行数字货币的功能(支付结算、汇款等)进行模拟测试,预计测试时间从2021年8月至2022年6月。

(9)俄罗斯

2019年11月,俄罗斯中央银行行长声称,没有推出央行数字货币的计划。2021年4月9日,俄罗斯中央银行高级官员说明了俄罗斯发行央行数字货币(数字卢布)的计划,并透露将于2023年全面启动。

(10)泰国

2018年,泰国央行(Bank of Thailand,BOT)联合境内7家银行启动Inthanon项目(央行数字货币项目)。至2020年1月,Inthanon项目取得良好进展。项目第三阶段重点在于支持跨境资金转移,范围覆盖泰铢和外币的监管与合规。

(11)巴哈马

巴哈马中央银行在2019年3月宣布了央行数字货币"沙元计划"(Project Sand Dollar),2020年1月8日开始试点,2020年10月,央行数字货币"Sand Dollar"正式启动,2021年5月,巴哈马中央银行(CBOB)宣布准备在全国推广数字货币,并专注于与商业银行完成系统对接。

以上这些典型国家在法定数字货币研发上都取得了一定进展,发行法定数字货币在很大程度上是为了提高本币的国际化程度,也有许多国家也想达到逐步"去美元化"的目的。总的趋势来看,央行数字货币越来越受到热捧:2021年年初,国际清算银行(Bank for International Settlements,BIS)对全球65个国家/经济体(几乎涵盖了经济不落后的所有国家)的央行进行了调查,调查数据表明(法定)数字货币的研究已经引起各国政府的高度重视,甚至引发了一股追捧热潮。调查数据显示,86%的中央银行都在对数字货币开展研究,也就是只有一些经济相对落后、金融市场不发达国家的央行没有开展央行数字货币(CBDC)的相关研发工作;60%(截至2020年年底)的中央银行开展了技术试验或概念验证,而这项数据在2019年时是42%,增长速度非常快;14%的中央银行正在开展或准备开展数字货币法定试点的相关工作。其中,有些国家为了抑制或遏制超前发展的其他国家的央行数字货币(CBDC)对本国货币潜在的负面影响,而加入本国法定数字货币化的发展行列。

央行数字货币(CBDC),不仅能降低发行、流通、回笼、交易和管理等多种成本,提供便携性强,支付速度快,保护个人隐私、个人信息安全的支付工具，而且可提高央行货币政策有效性，成为反洗钱（Anti-Money Laundering，AML）、反恐融资（Combating Terrorist Financing，CTF）、反逃税（Against Tax Evasion，ATE）、防电信（网络）诈骗及防网络赌博等的利器，更重要的是，其能加速一国货币的国际化进程。因此，其引起了各国高度重视，有的国家很想借此重振本国货币的国际地位。

3.1.1.4 数字人民币（DC/EP）的产生与发展

我国对法定数字货币——数字人民币的研发起步也相对较早。

（1）研发起步阶段

2014年，中国人民银行正式成立"法定数字货币研究小组"，开始研究法定数字货币的相关国际经验，研究数字人民币的关键技术、发行和业务运行框架、流通环节。

2016年，中国人民银行成立"数字货币研究所"（the Digital Currency Institute，DCI），中国第一代法定数字货币的原型系统搭建完成，并提出数字人民币（DC/EP）的顶层设计。

2017年1月25日，中国人民银行研发的法定数字货币在（基于区块链的）数字票据交易平台进行测试并获得成功。

2017年年末，中国人民银行开始组织商业机构共同开展法定数字货币的研发，确定数字人民币为e-CNY（电子人民币），其中，e是electronic的首字母；CN是China的缩写；Y是Yuan（"元"的汉语拼音）的首字母。CNY代表China Yuan，是国际标准化组织（ISO）分配给中国币种（人民币）的符号。国际上中国官方货币（人民币）的标准符号是CNY，而我们通常看到的RMB是人民币汉语拼音Ren Min Bi的缩写，主要用于国内。

2018年6月，中国人民银行金融科技研究院（深圳金融科技研究院）正式成立。

（2）测试试点阶段

2019年9月开始数字人民币（DC/EP）的"闭环测试"，模拟了涉及一些非政府和商业机构的支付方案。

第一批试点。2019年年底，数字人民币（DC/EP）选择首批试点地区，首批试点地区为4个地区（深圳、苏州、雄安新区、成都）和1个未来的北京冬奥会会场（2022年2月4日至20日），即"4+1"模式。2020年4月，数字人民币（DC/EP）在中国农业银行、中国银行内实施"内测"，在雄安新区举行数字人民币（DC/EP）试点推介会，包括星巴克（Starbucks）、麦当劳（McDonald's）、菜鸟驿站、京东无人超市等19家餐饮和零售企业。2020年5月，苏州相城地区成为中国"首个"数字人民币使用地区（2020年，苏州相城区区属机关、事业单位和直属企业的员工，在4月安装数字钱包，5月的工资发放中，交通补贴的50%以数字人民币的形式发放。）

第二批试点。2020年11月，数字人民币（DC/EP）试点城市在第一批试点城市的基础上，进一步增加了海南、长沙、上海、青岛、大连和西安6个地区，在这一基础上，进而形成"10+1"模式（10个地区+1个冬奥会场馆）。

第三批试点。2022年4月2日，人民银行公布了第三批数字人民币的试点地区，试点地区将扩大到21个地区（含省份），除了第一批的深圳、苏州、成都和雄安新区4个地区，第二批的海南、长沙、上海、青岛、大连和西安6个地区外，新增天津、重庆、广州、福州、厦门、杭州、宁波、温州、湖州、绍兴和金华11个城市作为试点地区。随着时间的推移，会有更多的地区加入试点。试点区域覆盖珠三角、长三角、京津冀、中西部、东北和西北地区，试点场景兼顾线上线下（双线发展）并涵盖了生活缴费、交通出行、餐饮服务等日常小额支付需求，线上线下全场景应用有利于未来评估试点的情况；试点规模迅速扩大，无论钱包的开立数量、规模，还是数字人民币的交易规模，都在急速扩大。

值得一提的是，香港民建联在2021年3月的全国两会上提出的22项提案和建议中，有一项重点提案是建议让香港试点数字人民币。央行数据显示，截至2021年6月30日，我国数字人民币试点场景高达132万个以上，个人钱包超过2087万个、对公钱包超过351万个，交易笔数超7075万笔、交易金额345亿元左右。

数字人民币不仅得到了大量银行的支持，还得到了法律的相关配套支持，从而有利于稳步、安全、可控推进。2021年7月，中国人民银行发布《中国数字人民币的研发进展白皮书》，明确了数字人民币（DC/EP）的研发背景、定义和目标愿景、设计框架、央行数字货币的可能影响与数字人民币体系的应对策略以及工作进展五大方面。阐述了数字人民币的主要特点：M0替代、不支付利息、中心化管理和双层运营、可控匿名、零售型央行数字货币、不需银行账户即可开立钱包（个人钱包和对公钱包、母钱包和子钱包、软钱包和硬钱包）、零售支付、安全性、可编程性等。

（3）发行完成阶段

数字人民币（DC/EP）离"发行完成阶段"还有一段距离，但就目前的情况来看，发行、推广情况超预期。应用场景和数量增长速度很快，欲参与试点的地区、机构和个人数量迅猛增长，数字人民币对于企业更是意味着巨大的发展机会和潜在的产业图景，安全技术、监管科技、银行科技、钱包和支付技术、支付场景对接和传统设备改造这六类企业已表现出很强的兴趣。但也存在产业链条尚未形成、用户黏性不强（APP用户的体验不新鲜）、推广方式单一（红包、消费券等为主）、传统消费习惯需要改变等问题。

总体而言，数字人民币正式推出的时间表尚未公布，但未来趋势将按照三个步骤发展：首先是扩大试点范围；其次是数字人民币市场化；最后是建立配套法律和监管框架。

3.1.2 数字货币的三大典型特征

3.1.2.1 数字货币的形态特征

数字货币与虚拟货币、电子货币都是无形的非实物货币，使得它们之间的区别相对模糊，在各国之间的说法也稍有差异，本书将基于区块链技术，以全球的常用分类为主导，结合中国国内使用的情况，对数字货币、电子货币、虚拟货币（广义/狭义）加以比较分析，对数字货币的边界加以界定。数字货币、电子货币和虚拟货币(广义/狭义)之间的逻辑关系如图 3.2 所示。

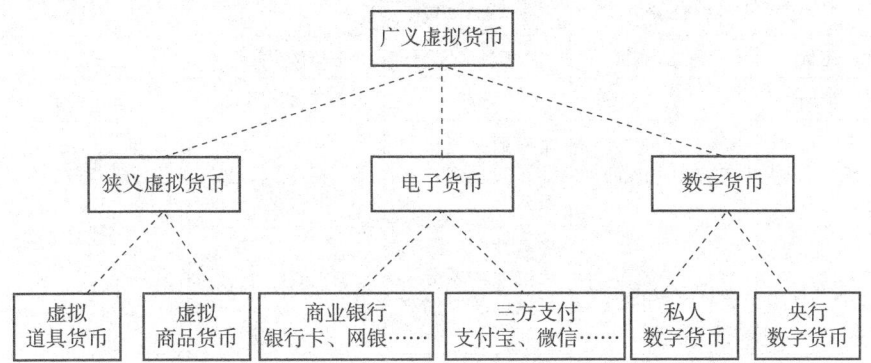

图 3.2 数字货币、电子货币和虚拟货币(广义/狭义)之间的逻辑关系

数字货币、电子货币和狭义虚拟货币三者间的区别与联系如表 3.3 所示。

表 3.3 数字货币、电子货币和狭义虚拟货币三者间的区别与联系

	数字货币		电子货币	狭义虚拟货币
	法定数字货币 (央行数字货币)	非法定数字货币 (私人数字货币)		
典型代表	央行数字货币 (DC/EP) (与人民币可以 1∶1自由兑换)	比特币(最为成功的数字货币,占全球数字货币市值的 56.26%)、莱特币、瑞波币、无限币、夸克币、泽塔币、烧烤币、便士币(外网)、隐形金条、红币、质数币等上百种	银行卡、网银、手机银行和电子现金等 第三方支付,如支付宝、微信支付和财付通等	Q 币、Q 点、点券、百度币、新浪U币和微币、游戏币(侠义元宝、纹银等)等
发行者	央行或央行授权的机构	非央行(挖矿)	商业银行或第三方(非银支付机构)	非央行(平台)
底层技术	区块链技术		IT 技术	IT 技术
本质	货币	并非真正意义上的货币,界限不清	支付工具 电子支付方式(法币的电子化)	非法定货币的电子化

049

续表

	数字货币		电子货币	狭义虚拟货币
	法定数字货币（央行数字货币）	非法定数字货币（私人数字货币）		
定价	对应法定货币	市场定价	等值法定货币	平台定价
流通	全球	全球	全球协议国家	指定平台
信用支撑	央行信用兜底	密码数字货币靠分布式规则自己维系	信用离央行较远	与央行信用没有关系
匿名性	可控的匿名性	匿名性（伪匿名，通过大数据分析可以汇总一系列地址）	匿名性和保密性差	—
时间和地点的限制	随时7×24小时随地双离线支付（可不依赖于网络进行点对点的交易）	需要有网络	需要媒介（二维码、网络或硬件设备），如银行柜台、ATM或POS机等	在特定的虚拟环境中流通，只能用真实货币购买，而不能转化成真实货币，如游戏币
金额	不受金额大小限制	不受金额大小限制		—
交易频次	CBDC每秒至少300000笔交易 Libra每秒交易1000笔	每秒交易7笔	VISA每秒交易29193笔	
跨境交易	易于转换为其他货币	受限	交易复杂、交易成本高	
法律管辖	法定货币的法律，管辖范围包括数字货币	不受法律监管	已经受法律监管	—
货币政策	基础货币（M0）或高能货币（High-powered Money）的替代 公众持有的通货（C）+商业银行的存款准备金（R）（包括法定存款准备金和超额准备金）货币供应量是基础货币和货币乘数之积	—	M1和M2的替代	—

续表

	数字货币		电子货币	狭义虚拟货币
	法定数字货币 (央行数字货币)	非法定数字货币 (私人数字货币)		
发展趋势	中国的CBDC：双层体系或二元架构 Libra：Facebook有27亿用户，目前协会有28个成员 欧洲央行设立央行数字货币专门委员会……	2009年发布，仅2100万枚，截至2019年6月供应量超过1500万枚，市值达1412亿美元，相当于科威特的GDP	—	—

注：数字货币，大体上可以理解为电子货币和实物现金的一体化。因为实物现金是点对点的，所以数字货币也是点对点的。从而数字货币可以理解为电子货币(电子支付)+实物现金(点对点)。

3.1.2.2 数字货币的技术特征

数字货币的底层技术是区块链技术，由数据层、网络层、共识层、激励层和合约层五个层面组成，关键技术包括：分布式账本、点对点、共识机制和非对称加密等。

3.1.2.3 数字货币的金融特征

(1)去中心化

数字货币自1998年引入分布式账本技术之后，数字货币就演进成了去中心化的数字货币，其交易是点对点的，不需要银行作为中间媒介，数字货币的交易记录在全网的节点都进行记录。传统的法定货币是由各国的中央银行来发行的，中央银行是发行货币的中心，商业银行则是交易双方的中心点。

(2)匿名性

数字货币不需要实名认证，交易双方不知道交易对手信息，匿名或有限匿名满足了使用者的隐私保护需求，具有了替代现金交易匿名性的可能。数字人民币具有可控匿名性,可以防范反洗钱、反恐融资、反逃税及其他非法交易。

(3)可追溯

数字货币交易的全部过程都被记录下来了,追溯的过程不需要进行任何认证。可追溯使得数字货币与实物现金具有很大的不同,这也为监管机构提供了有效的监管手段。

此外,与私人数字货币不同的是,法定数字货币没有总量限制,是主权货币。

3.1.3 数字人民币对金融体系的影响

数字人民币不仅具有目前实物国际货币的三大职能,而且还有发行、流通和使用成本大幅降低,秒到账、零成本、匿名性、安全性高等多种优势,能很好地解决跨境贸易支付的费用高、速度慢、结算周期长、汇差损失风险大等长期阻碍国际贸易发展的痛点。数字人民币对人民币国际化的主要影响体现在以下方面。

3.1.3.1 数字人民币对金融体系的影响

数字人民币将给社会带来良币驱逐劣币的金融、经济社会生态环境。对现有金融体系的影响是全方位的,主要影响如下:

(1)优化跨境支付清算业务

一方面,对外利用数字人民币和其他相关技术可以重构全球支付体系;另一方面,对内可以提升我国指定运营机构(如商业银行)的跨境支付效率、优化我国跨境支付市场格局(如以支付宝支付、微信支付支撑的寡头垄断市场格局被打破,财付通、拉卡拉、快钱、银联电子支付、北京银联商务、网银在线等其他新兴支付清算机构的跨境支付份额会增加)。

(2)增加存款利率上升压力

数字人民币是实物现金(M0)的替代,实物现金(M0)很容易转化为数字人民币,随着实物现金的减少,银行可吸纳的存款减少,存款利率弹性降低，利率将上升，使得人民币短期呈现出升值压力，而在长期内则有贬值压力。

(3) 增强金融监管和统计能力

在实现便携支付的基础上，数字人民币的流动负载着资金流、信息流、商流和物流数据，能够进一步完善相关的统计，同时由于数字人民币的匿名可控制性，一方面，可增强跨境资金的监管能力，有利于提高人民币国际化风控能力；另一方面，有助于提高货币政策和其他政策的制定、实施效果，从而提高人民币国际化的竞争力。

(4) 减少货币投放和流通成本

①零发行成本（发行成本低）。不需要纸币的印刷成本（包括防伪、设计等）和硬币的铸造成本，除了早期的加密研发成本、电脑设备的硬件成本等，随着发行数量的增大，边际成本趋近于零。

②零流通成本。运输成本基本为零，发行与流通不需要大量的押运。

③零结算成本。节省了大量的结算成本，如人力成本（柜台人员、装箱、押运和交接、签收等）和物力成本（点验钞机、账本、运输工具等）。

④零保存成本。计算机和网络等成本不断降低，随着数字货币数量的增加，保存边际成本趋近于零。

以上这些，都有利于数字人民币的普及，有利于人民币的国际化。

(5) 降低摩擦和制度性成本

从影响数字经济的角度来看，数字人民币（DC/EP）可以构建我国数字经济良性发展生态，从而从各个角度（如第一、第二、第三产业的产业角度，降低摩擦性成本和制度性成本的角度，提高全要素生产率的角度等）对我国"数字经济规模"的扩张及质量提升产生影响，最终对人民币国际化产生影响。

(6) 增加金融机构的产品数量

随着数字人民币的使用与普及，金融衍生品种类和数量的市场需求将呈剧增趋势，给专业性的金融机构创新金融产品带来了很大的发展空间。

此外，理论上央行可以实施数字货币的负利率政策，有利于资金向资本的转化，促进经济增长，提高我国的综合经济实力，从而提升人民币国际化的水平。

3.1.3.2 数字人民币（DC/EP）对第三方支付的影响

数字人民币（DC/EP）与第三方支付有很大的不同，两者的区别见表3.4。

表3.4 数字人民币 VS 第三方支付钱包

	数字人民币（DC/EP）	第三方支付钱包（支付宝、微信支付等）
本质	法定货币	法定货币的支付工具
货币供应层次	M0	M1
信用等级	国家信用	企业信用
隐私保护	可控匿名，有效保护隐私	实名认证，很难保护隐私
清结算	支付即结算，不需要中介	需要银联或网联
便捷性	强	强
离线支付	单离线	双离线
银行账户	不需要	需要
取现手续费	0.1%	0%

资料来源：根据相关资料整理。

数字人民币（DC/EP）发行后，会对第三方支付产生一定的影响，与数字人民币（DC/EP）相比，支付宝、微信支付等第三方支付的缺陷主要体现在以下几个方面：

（1）需要开立银行账户

第三方支付需要绑定银行账号，所以要使用第三方支付，首先要持有本人相关证件去银行开立银行账号，对于想对转账或消费等信息保密的群体而言，数字人民币（等同现金）具有强替代性。同时，对于短暂停留或不能满足我国银行开户规定的证件要求的外国人而言，其对数字人民币也具有很强的需求。

（2）使用者信息被获取

当使用支付宝、微信支付等第三方支付工具进行支付时，很多个人

(隐私)信息都被第三方支付提供商、购物的商家等获取。而数字货币的(可控)匿名性能有效保护个人(隐私)信息的安全。

(3)有支付成本

目前使用第三方支付需要支付成本,取现就有 0.1% 左右的手续费,总体大概收取使用者不低于 0.6% 的费用(已被追加到所购买的商品或服务中),使用者会被商家、POS 机投放机构、银联、发卡行和支付公司等层层收取费用。数字货币等同于现金(M0),使用数字人民币支付,不需要支付任何成本。

(4)需要在线支付

数字货币(与目前的实物现金一样)支持(收付双方)双离线支付,由于交易双方都不需要使用网络进行支付交易,这就大大方便了交易双方,使得使用场景不受时间和地点的限制。但第三方支付仅支持单方离线或需要双方在线,在无网络的场景下无法进行交易,这对于第三方支付业务来说也是较为致命的缺陷。

(5)较难兑换成现金

微信支付、支付宝等第三方支付的金额较难兑换成现金,数字人民币(DC/EP)则没有这方面障碍(未来基础设施条件成熟时)。

(6)货币安全性不高

微信支付、支付宝等第三方支付是基于第三方支付机构的企业信用,但数字人民币(DC/EP)由我国央行发行,基于国家信用,具有最高信用等级,货币的安全性远远高于第二方支付。

3.2 人民币国际化的相关理论

人民币国际化的理论研究,最早可以追溯到 20 世纪 80 年代,那时对人民币国际化讨论的范围还仅局限于特区经济,停留在是否应该让人民币首先成为可兑换货币,然后再实现人民币的国际化。

3.2.1 人民币国际化的概念

货币的国际化。对于货币的国际化的定义，迄今尚未达成共识。Cohen(1971)首先提出了国际货币的概念。研究货币的国际化，主要有两种角度：一种是流通范围角度。Mundell(2003)的观点是以国界来划分，一国货币在境外流通即货币的国际化。Kenen(2009)认为，不仅要在境外流通，还要被境外居民持有。另一种是货币职能角度。张津(2017)认为，除上述跨境流通外，还应是国际上的计价、结算、储备货币。

人民币的国际化。根据货币国际化的概念，并围绕国际货币的(交易媒介、计价单位和价值贮藏)三项职能来阐述人民币的国际化，具体包括：①在中国的境外流通并达到一定的流通程度；②是(非)居民的交易媒介和计价单位；③跨境人民币结算达到一定的规模；④使用人民币作为重要的外汇储备货币。

3.2.2 人民币国际化的条件

3.2.2.1 技术条件

现有研究较多认为，资本账户开放还是人民币国际化的先决技术条件，特别地，资本账户开放的程度在很大程度上会影响人民币国际化的程度。资本项下可自由兑换是人民币国际化必要的技术性条件，否则其在国际上的接受程度较低(王元龙，2008)。资本项下可自由兑换是人民币国际化的基础和核心内容(黄志强，2014)。使用人民币结算与人民币资本项下可自由兑换同步进行去推动人民币国际化(陈炳才，2010)。另一些学者认为，我国资本账户的开放程度对人民币国际化的影响不大。王孝松等(2021)认为，中国提高资本账户开放程度对人民币国际化的影响并不显著。

3.2.2.2 金融市场发展

有关人民币国际化前提条件的研究，诸多学者认为人民币国际化的发展主要取决于中国的综合国力以及金融开放水平(金融市场开放程度以及质量),但也有很多学者认为资本项目开放、人民币的自由浮动并不是必要条件。同时,国内外学者普遍认为,随着中国经济实力的增强、国际地位与金融市场成熟度的提高以及国际贸易水平的不断提升,加快推进人民币国际化进程,无论是必要条件还是基本条件,中国均已具备。

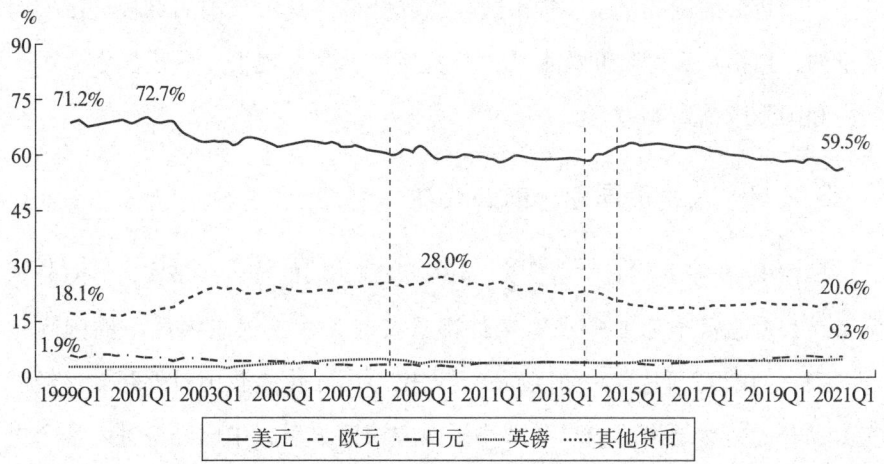

图 3.3 1999—2021 年全球外汇储备中国际货币占比变化情况

资料来源:国际货币基金组织(IMF)。

从图 3.3 中可以看出:①全球外汇储备中以美元作为外汇储备货币的占比在持续下降,2008 年全球金融危机造成美元信任危机,美元占比呈快速下降态势,虽在 2009 年经历急速下降后的短暂止跌反弹、2014—2015 年的攀升,但尚未改变其下降的态势,1999—2021 年占比降幅达 11.7%;②欧元自(1999 年 1 月 1 日)诞生之日起,其占比就处于较高位置,并一直保持在 18%以上的小幅上升态势,在 2008 年金融危机后一度冲到 28%,但在 2009 年年底欧债危机爆发后,持续下降,直至 2016 年前后,但至今仍在 20%以上,全球外汇储备货币地位稳定;③英镑和日元占比较小,其占比的振幅也相对较小;④包含人民币在内的其他货币的占比上升显著,从 1.3%上升到 9.3%,上升幅度高达 615%。国际货币基金组织(IMF)公布的官方外汇储备货币构成(Composition of Foreign Exchange Reserves,

COFER)数据显示，2021年第一季度末，人民币占全球外汇储备的2.5%，位列全球第五，是人民币从2016年10月1日被纳入特别提款权（SDR）、IMF开始公布人民币外汇占比以来的最高水平。中国人民银行于2021年9月发布的《2021年人民币国际化报告》的数据显示，全球已有超过70多个央行或货币当局将人民币作为外汇储备货币。

一国货币的国际地位、货币国际化程度最终是由该国的综合经济实力决定的，包括：金融的开放水平、经贸规模、金融规模、币值稳定、军事实力和国际政治影响力等。

3.2.3 人民币国际化的必要性

早在1989年，就有学者认为，不要等到我国的综合经济实力、对外国际贸易和金融开放水平等所有条件都具备时，才去谋求人民币的国际化（胡定核，1989），从这一角度而言，人民币国际化是我国对外开放、经济实力提升的必然结果。1992年邓小平南方谈话之后，中国经济进入一个更快速的发展期，经济实力及其在全球的地位不断攀升，2008年金融危机期间，以美元为中心的国际货币体系受到很多国家诟病，多元国际货币体系的重要性受到很多国家重视，不少国家开始与中国开展货币互换，并提出贸易投资结算需求。

3.2.3.1 人民币的国际地位与我国经济实力严重不匹配

随着中国—东盟自贸区（CAFTA）的建立（2010年1月）、"一带一路"倡议的发布（2015年3月）以及《区域全面经济伙伴关系协定（RCEP）》的签署（2020年11月），我国的经济实力不断增强，但人民币的国际地位却远远落后于我国在全球的经济地位，具体分析如下：

（1）人民币的国际地位

从国际货币的职能以及衡量国际货币地位的维度来看，作为支付货币，美元占全球的38.4%，排名全球第一，而人民币仅占2.2%，排名第六；作为储备货币，全球各国的外汇储备中，美元占比为55.2%，全球排名第一,而人民币仅占 2.1%,排名第五;外汇交易中,美元占全球的 44.2%,而人民币仅占 2.2%,排名第八;在全球贸易融资中,美元占比更是高达 87.1%,而人民币仅占 1.3%(见表 3.5)。总体来看,人民币的各维度指标的占比都未超过 2.5%,与美元占比相差悬殊。

表 3.5　美元、人民币国际货币地位对比

币种	美元		人民币	
指标	占比	排名	占比	排名
支付货币	38.4%	1	2.2%	6
外汇储备	55.2%	1	2.1%	5
外汇交易	44.2%	1	2.2%	8
贸易融资	87.1%	1	1.3%	4

注：外汇储备为 2020 年第四季度数据,外汇交易额为 2019 年数据,全球支付和贸易融资为 2021 年 2 月数据。

资料来源：中国工商银行。

(2) 我国的经济实力

从国际货币国家的全球经济地位对比来看,中国的经济实力已经超过美国之外的其他国际货币国家：中国 GDP 排名全球第二,尽管位列美国之后,但远强于欧元区国家和英国与日本；中国为全球第一大贸易国,货物贸易进出口总额占全球的 13.1%(见表 3.6);中国已成为全球金融大国,外汇储备长期世界第一,银行业总资产规模全球第一,债券、股票、保险的市场规模也均为全球第二。

表 3.6　美国与中国的经济地位对比(2020 年)

国家	美国		中国	
指标	占比	排名	占比	排名
GDP	24.8%	1	17%	2
货物贸易进出口总额	10.8%	2	13.1%	1
货物贸易出口额	8.1%	1	14.7%	1
货物贸易进口额	13.5%	1	11.5%	2

资料来源：中国工商银行。

3.2.3.2　美元贬值风险不利于我国经济发展

在美元主导的国际货币体系下，美元的贬值不仅会对我国的外汇储备（美元占绝对比重）带来巨大负面影响，严重侵蚀以美元结算的跨境贸易企业的利润，而且会增大我国输入型通货膨胀的压力（一方面，美元贬值导致国家大宗商品价格上涨；另一方面，美元贬值刺激热钱流入，增大资产泡沫），对中国经济的发展造成很大的障碍，人民币国际化会大大降低外汇储备、跨境贸易汇率波动和输入通货膨胀等方面风险。

3.2.4　人民币国际化的路径选择

对人民币国际化路径的研究，主要集中在以下方面：有研究认为，可借鉴世界主要货币国际化的成功经验，为人民币国际化提供一定的参考和经验支持；也有研究认为，人民币国际化应结合我国特有的经济与金融发展实际，采取分阶段、循序渐进的形式；还有学者提出了区域化推进与人民币国际货币职能提升相结合的分阶段推进的策略，如戴相龙（2011）提出的人民币国际化的"三个阶段"实现路径。此外，还有从国际收支、国际外汇储备、国际贸易结算等角度推进人民币国际化的路径选择，以及借助"一带一路"、RCEP等具体战略拓展人民币在国际贸易、国际投资活动中的使用空间的路径等。具体而言，该部分观点可表述如下：

（1）在参考主要货币国际化的方面，推动资本账户的开放应成为人民币国际化的首要举措；其次是提高汇率的弹性，在这一过程中可考虑借鉴德国的经验，但要注意避免日元国际化的教训。

（2）在推崇人民币国际化应遵从渐进式的发展过程中，一方面需要结合中国的金融改革进程；另一方面还需要把握人民币国际化路径选择的三个要点：①优化双本币贸易结算协定，并以此为突破口为实现人民币区域化提供条件；②人民币国际化需要人民币资产池国际化，特别地，资产池的国际化是人民币国际化的重要支撑；③人民币国际化还需要考虑与其他国际货币之间的协调关系。

(3)主张从国际收支的角度推进人民币国际化。

(4)依托于战略指引,协同配合"一带一路"体系建设,为人民币国际化提供条件支撑。

3.2.5 人民币国际化的影响因素

西方货币国际化理论主要停留在对货币国际化的条件、成本收益、影响因素等方面进行研究。

国外对货币国际化的研究开始较早,早在 20 世纪 60—80 年代,国外的货币国际化理论就探讨了国际政治地位和经济实力、成本收益以及金融开放的广度和深度等影响因素。国内有学者认为人民币国际化以经济高速发展为基础,至少在亚洲地区处于领先地位(姜波克,1999),资本账户也是非常重要的影响因素。

3.3 数字人民币(DC/EP)对人民币国际化影响的相关理论

数字人民币(DC/EP)对人民币国际化的影响研究,依然应重点参考货币经济学、金融经济学、博弈论等多方理论,货币市场需要多方条件的均衡,同时也是多方博弈的结果,数字人民币的有序推行是人民币国际化的重要推动力。

3.3.1 数字人民币(DC/EP)具有天然的国际货币优势

私人数字货币和法定数字货币具有天然的差异性。其中,从属性特征上,私人数字货币具有竞争性,而法定数字货币具有垄断性。不同主体发行的私人数字货币之间存在很强的市场竞争关系。法定数字货币由国家(政府机构)发行,国家或政府是唯一的发行主体,不存在竞争,具有很强的国家垄断性。

数字人民币(DC/EP)由国家信用背书,是我国的法定货币,不存在竞争性,与其他国家的央行数字货币一样,具有天然的国际货币优势。发行央行数字货币已经成为全球性趋势，很多国家的央行都出台了发行本国数字货币的相关计划，但我国在数字货币的理论和技术方面，起步较早、速度较快，具备了较好的国际货币推进的先发优势。

3.3.2 数字人民币（DC/EP）推动人民币国际化的先决条件

货币的国际化是一个需要用多维指标衡量的概念，一国的货币实现国际化，是其综合国力的体现，需要强大的经济实力（显性条件）和军事实力（保障条件），需要具备一些先决条件，数字人民币（DC/EP）推动人民币国际化也不例外，基本条件包括以下几个方面。

3.3.2.1 显性条件

强大的经济实力是一国货币国际化的最直接、显性的条件，主要包括：

（1）经贸规模的全球排名靠前

经济规模。一国的经济规模是决定该国货币能否成为国际货币的关键，中国已成为全球第二大经济体。2020年全球经济总量为84.538万亿美元，中国的GDP达14.73万亿美元（占全球的17.42%），仅次于美国（20.933万亿美元，占全球的24.77%），全球排名第二，且比前五名的其他三个国家（第三名日本为5.05万亿美元、第四名德国为3.81万亿美元、第五名英国为2.71万亿美元）的总和还要多，中国也是在新冠疫情开始后迅速恢复经济并成为首个实现正增长的重要经济体。

贸易规模。进出口贸易经济是实体经济发展的重要组成部分，是决定一国货币能否成为国际货币的关键，贸易规模则在一定程度上反映了实体经济对国际货币的需求，是决定该国货币是否成为国际货币的基础，而中国已成为全球第一大贸易国。一国货币在国际支付货币中的使用占比及在各国外汇储备中的占比均随着经济贸易规模的扩大而提高。只有与更多的国家或地区发生更多的经济贸易往来，且经济贸易量达到相当的规模时，该国的货币才能更多地被作为"支付货币"和"储备货币"。

(2) 币值的稳定性强

货币能从有价值、有形的实物货币（如贝壳、金属货币等），发展到无价值（理论上）、无形的电子货币和数字货币，背后是信用的演进，无论是电子货币还是数字货币，能被大家接受和使用，其背后是基于一定的信用（如国家信用）。而币值稳定是能否被信赖的关键。如国际货币最典型的代表——美元，相对于其他国家的货币而言，其币值是世界上最稳定的，这也是美元成为世界货币的关键。美元自 1785 年 7 月 6 日诞生以来，其年均贬值率只有 0.6‰。一国货币币值不稳定可反映出该国的国家信用的可信程度降低。

(3) 金融规模在全球具有重要地位

由经济贸易所带动的金融业务中，包含货币。货币是金融的重要载体，是金融的重要组成部分，金融规模与货币直接相关，一国金融市场的体量和发达程度直接决定了该国货币被使用的规模和频率。中国现在已成为全球金融大国，外汇储备长期世界第一（截至 2021 年 8 月末，我国外汇储备高达 32321 亿美元）；银行业总资产规模全球第一；债券、股票、保险的市场规模也均成为全球第二。截至 2020 年年底，我国银行间市场成交量达 1106.9 万亿元，债券市场发行规模达 57.3 万亿元，利率衍生品市场成交达 19.9 万亿元，而机构投资者的数量也达到 2.8 万家。2020 年 5 月，《境外机构投资者境内证券期货投资资金管理规定》取消了我国境外机构投资者的额度限制。

(4) 金融开放程度达全球领先水平

货币的国际化与一国的金融开放程度直接相关，只有金融开放程度达到全球领先水平，该国的货币才能成为广泛使用的世界主流货币。在加入世贸组织后的 20 多年来，我国的金融开放水平不断提升，近年来呈加速态势，新发展格局战略在较大程度上助推了金融市场的开放。例如，2021 年 1 月，《关于进一步优化跨境人民币政策支持稳外贸稳外资的通知》提出了要便利实体经济为中心的贸易投资人民币结算、简化跨境人民币结算流程、优化跨境人民币投融资管理、便利个人经常项目下人民币跨境收付、便利境外机构人民币银行结算账户使用五个方面的跨境人民币使用便利化的优化政策。2021年9月15日，我国央行与香港金融管理局（HKMA）联合发布公告，双方合作开展的内地与香港债券市场的互联互通南向合作（南向通）将于2021年9月24日正式上线。一系列的政策举措标志着我国正不断加大金融市场双向开放的力度。

2010—2020年人民币跨境收付情况如图3.4所示。

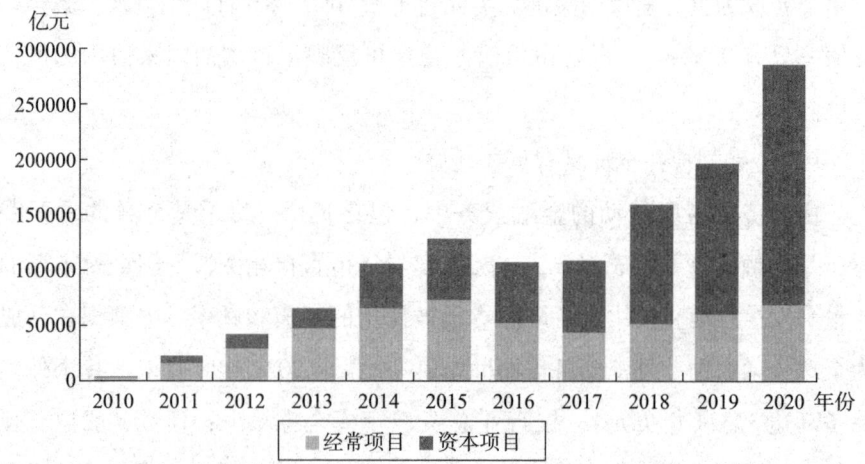

图 3.4　2010—2020 年人民币跨境收付情况

资料来源：中国人民银行。

《2021年人民币国际化报告》的结果显示，截至2021年6月末，境外经济主体持有的人民币资产总金额同比增长率高达42.8%。

3.3.2.2　保障条件

军事实力是一国货币国际化的重要的支撑和保障，良好的国际政治生态也是非常重要的方面。

（1）军事实力的国际排名靠前

很显然，一国军事实力对于一国的货币国际化是非常重要的，只有一个国防力量强大的国家，才不会受到外部强国的威胁，才能保障其发行的主权货币的可信赖，这是一国货币国际化的硬性条件。军事实力与经济实力是互相促进的，美国在1900年已经成为世界第一经济强国，这对美国军事实力起到了强大的促进作用。但如果仅关注发展强大的军事实力,忽略或拖累经济体系的建设,也会适得其反。因此,军事实力与经济实力应同步发展。就我国的现状而言,我国的军事实力已经上升到全球第三位(见图3.5)。

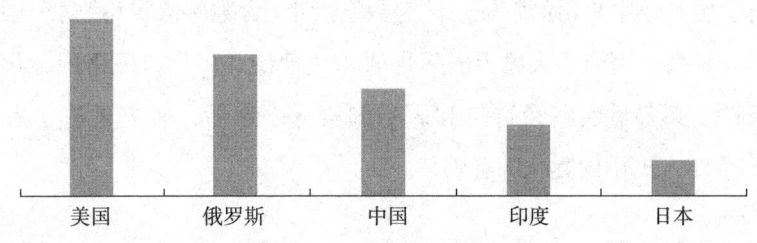

图3.5　2020年全球军事实力对比

资料来源:Global Fire Power。

(2)政治上具有较强的国际影响力

一国货币的国际化与该国在国际上是否具有很强的政治影响力息息相关。伍聪和赵然(2015)从国际货币体系发展的历史演进特征角度发现,主要国际货币角色转换进程都隐含着一条主线,即强权与强币紧密结合。从希腊的斯达特到今天的美元和欧元,货币国际化和政治势力密不可分。因此,从这一角度而言,强大的政治实力是一国(或地区)货币国际化的重要基本保障。就现状而言,我国在国际上的政治影响力已经大大提高,首先,中国是联合国五大常任理事国之一,是唯一的发展中国家的代表;其次,中国是最强大的发展中国家;最后,中国也是世界上最强大的社会主义国家。此外,随着经济实力的提升,中国在维护世界和平方面做出了巨大贡献,中国已向联合国维和部队派出累计超5万人,对外援助超60亿元,是提供国际援助的大国。

当然,除以上条件外,一国货币的国际化还受历史条件、技术条件等因素的影响。

3.4　本章小结

本章重点从理论上阐述了数字人民币(DC/EP)对人民币国际化影响的

内在逻辑。首先，研究了数字货币与数字人民币（DC/EP）的相关理论。为了更好地认识和理解数字人民币（DC/EP），对货币的演进进行详细回顾，深入探讨了数字货币、法定数字货币和数字人民币（DC/EP）三者的概念、产生与发展，数字货币的特征、法定数字货币（含数字人民币）对金融体系的影响。其次，研究了人民币国际化的相关理论。包括人民币国际化的概念、条件、必要性、路径选择和影响因素等。最后，研究了数字人民币（DC/EP）对人民币国际化的影响。

4

数字人民币对人民币国际化影响的实证研究：基于跨境资本流动视角

4.1 引言

近年来,在我国网络技术快速发展、非现金支付市场需求持续增长、数字经济蓬勃发展的现实背景下,数字人民币作为更高效、更安全的支付工具和监管手段应运而生(范一飞,2020)。目前,中国人民银行正在加速推进数字人民币发行和落地工作。需要指出的是,数字人民币主要定位于M0,是法定货币的数字化形态,同时也是提升金融服务实体经济水平、助推数字经济发展的重要抓手,因此,从这一角度而言,数字人民币的发展将深刻影响我国金融市场及普惠金融发展。同时还需提及的是,数字人民币从发展之初便担负着提高人民币国际影响力的使命,因此尽管目前数字人民币主要用于满足国内零售支付需求,但从中长期视角来看,国际合作与跨境支付将成为数字人民币应用场景的重要探索方向。

近年来,伴随着利率市场化、汇率改制和资本账户开放三大金融改革的不断深化,我国跨境资本流动波幅也随之迅速增加(陈创练等,2017)。因此,这就给我们提出了以下值得深入研究的问题:数字人民币的发展对我国国际资本流动具有怎样的影响效应?数字人民币和影响国际资本流动的其他因素之间又具有怎样复杂的交互作用关系?为回答上述问题,本章基于小波分析和动态溢出分析法,以M0同比增速作为数字人民币发行量的代理指标,实证研究了数字人民币和国际资本流动之间的相关关系以及数字人民币和影响国际资本流动的其他因素间的交互作用。研究结论显示,数字人民币对国际资本流动具有显著的正向溢出效应,而且该效应具有明显的时变性特征,特别地,在不同的经济环境下,数字人民币对人民币国际化的影响具有显著的区制异质性。因此，本章的研究结果能够为我国如何在数字经济飞速发展背景下实现国际收支总体平衡、国际资本流动总体平稳，并进一步推进人民币国际化提供一定的理论基础和实践参考。

4.2 研究方法

4.2.1 研究方法一：小波分析法

小波分析是计量经济学分析中越来越普遍的分析方法。它可以随时间的变化估计时间序列的频谱特征，并可以提取时域和频域中的局部信息（Aguiar-Conraria et al.，2008）。本部分采用小波分析法进行描述。

4.2.1.1 连续小波变换

连续小波变换(CWT)通常被用于将时间序列分解为给定母小波在时域和频域的伸缩和平移形式。在此过程中，序列扩展到时频空间，在这个空间中可以以非常直观的方式观察到它的振荡。给定时间序列 $x(t)$ 的连续小波变换，用 $W_x(\tau,s)$ 表示，其表达式如下：

$$W_x(\tau,s)=\int_{-\infty}^{+\infty}x_t\cdot\psi_{\tau,s}^*(t)\mathrm{d}t \tag{4.1}$$

其中，s 表示小波尺度，τ 表示位置参数，$*$ 表示复共轭。$\psi_{\tau,s}(t)$ 是从子小波 $\psi(t)$ 导出的基本小波函数，其含义为：

$$\psi_{\tau,s}(t)=\frac{1}{\sqrt{s}}\psi\left(\frac{t-\tau}{s}\right) \tag{4.2}$$

遵循 Torrence 和 Compo(1998) 的研究，我们选择 Morlet 小波作为连续小波变换的母小波，其形式如下：

$$\psi(t)=\pi^{-1/4}e^{i\omega_0 t}e^{-\omega_0^2/2} \tag{4.3}$$

其中，ω_0 是无量纲频率。当 ω_0 等于 6 时，Morlet 小波可在时间局部化和频率局部化之间取得良好平衡。此外，尺度参数可以写成傅立叶频率的倒数，即 $f=\omega_0/2\pi s=6/2\pi s\approx 1/s$。这意味着，$x(t)$ 被分解成一个时频平面，其中较短（较长）的尺度对应于较高（较低）的频率。

在连续小波变换的基础上，我们可进一步定义小波能量谱（WPS）。作为时间序列在特定频率下局部方差的度量。对于单一序列 $x(t)$，其能量谱可简单定义为 $|W_x(\tau, s)|^2$，而对于两个序列 $x(t)$ 和 $y(t)$ 的交叉能量谱，则可定义为 $|W_{xy}(\tau, s)|^2 = |W_x(\tau, s)|^2 |W_y^*(\tau, s)|^2$，由此用来衡量特定频率下两个序列之间的局部协方差。在本章，$x(t)$ 和 $y(t)$ 分别具体表示数字人民币与国际资本流动序列。

4.2.1.2 二元工具

为了进一步明确数字人民币和国际资本流动之间的关系，本书进一步使用小波相关系数以度量这两个变量之间的时间—频率相关性。假设我们用 ρ_{xy} 表示复小波相关系数，由此给出以下表达式：

$$\rho_{xy} = \frac{S(W_{xy}(\tau, s))}{[S(|W_x(\tau, s)|^2) S(|W_y(\tau, x)|^2)]^{1/2}} \tag{4.4}$$

其中，S 是时域和频域维度的平滑算子，特别地，平滑是通过时间和频率的卷积来实现的（Torrence and Compo，1998）。进一步地，在 $R_{xy}^2 = |\rho_{xy}|^2$ 的基础上，我们可计算出平方小波相关系数 R_{xy}^2。R_{xy}^2 的取值范围在 0 到 1 之间。当 $R_{xy}^2 = 0$ 时，表示 $x(t)$ 和 $y(t)$ 完全无关；当 $R_{xy}^2 = 1$ 时，表示 $x(t)$ 和 $y(t)$ 完全相关。

紧接着，我们引入相位差来确定变量之间的正负相关性和领先—滞后关系。依据 Bloomfield 等（2004）的研究，我们将 $x(t)$ 和 $y(t)$ 的相位差 φ_{xy} 定义为：

$$\varphi_{xy} = \tan^{-1}\left(\frac{\Im\{S(s^{-1}W_{xy}(\tau, s))\}}{\Re\{S(s^{-1}W_{xy}(\tau, s))\}}\right), \quad \varphi_{xy} \in [-\pi, \pi] \tag{4.5}$$

其中，$\Im\{\cdot\}$ 和 $\Re\{\cdot\}$ 分别表示复小波函数的虚数部分和实数部分。当相位差为 0 时，表示 $x(t)$ 和 $y(t)$ 沿相同方向变化，即完全正相关；而相位差为 π 或 $-\pi$ 时，表示 $x(t)$ 和 $y(t)$ 沿相反方向变化，即完全负相关。若 $\varphi_{xy} \in (0, \pi/2)$，$x(t)$ 和 $y(t)$ 正相关，且 $x(t)$ 领先于 $y(t)$；若 $\varphi_{xy} \in (\pi/2, \pi)$，

$x(t)$和$y(t)$负相关,且$y(t)$领先于$x(t)$;若$\varphi_{xy} \in (-\pi, -\pi/2)$,$x(t)$和$y(t)$负相关,且$x(t)$领先于$y(t)$;若$\varphi_{xy} \in (-\pi/2, 0)$,$x(t)$和$y(t)$正相关,且$y(t)$领先于$x(t)$。相位差还可用于说明序列之间在时域和频域上的因果关系。

4.2.1.3 多元工具

在考察数字人民币对人民币国际化的影响时,外汇干预和汇率预期等因素也在其中发挥着不可忽略的作用,因此,为了更为准确地识别数字人民币对人民币国际化的影响,本书还需要消除这些因素所带来的影响,以揭示数字人民币和人民币国际化之间的真正的相互作用和因果关系。在这里,我们利用偏小波相关系数和偏相位差来进行修正。根据Aguiar-Conraria和Soares(2014)的研究,我们在控制$z(t)$,$C_{xy|z}(\tau, s)$的情况下,对$x(t)$和$y(t)$之间的复偏小波相关系数进行了定义,如下所示:

$$C_{xy|z}(\tau, s) = \frac{\rho_{xy} - \rho_{xz} \cdot \rho_{yz}^*}{\sqrt{(1-R_{xz}^2(\tau, s))(1-R_{yz}^2(\tau, s))}} \quad (4.6)$$

由此平方形式的小波相关系数$R_{xy|z}^2$可定义为$R_{xy|z}^2 = |C_{xy|z}|^2$。此外,偏小波相位差$\varphi_{xy|z}$可表示如下:

$$\varphi_{xy|z} = \tan^{-1}\left(\frac{\Im\{C_{xy|z}(\tau, s)\}}{\Re\{C_{xy|z}(\tau, s)\}}\right) \quad (4.7)$$

4.2.1.4 非对称扩展

传统小波分析假设变量在特定频率和时间维度上的波动是对称的。我们根据Hatemi-J(2012)及Shin等(2014)的研究放宽了这一假设,将标准小波分析应用于非对称波动的变量中。假设$x(t)$和$y(t)$为可积变量,则可表示为以下随机过程:

$$x(t) = x(t-1) + \varepsilon_{1t} \quad (4.8)$$

$$y(t) = y(t-1) + \varepsilon_{2t} \quad (4.9)$$

对于$t=1, 2, \cdots, T$来说,ε_{1t}和ε_{2t}是白噪声干扰。正(+)和负(-)冲击分别用$\varepsilon_{1t}^+ = \max(\varepsilon_{1t}, 0)$,$\varepsilon_{2t}^+ = \max(\varepsilon_{2t}, 0)$,$\varepsilon_{1t}^- = \min(0, \varepsilon_{1t})$和$\varepsilon_{2t}^- =$

$\min(0, \varepsilon_{2t})$ 来表示。通过这种方式，我们得出：$\varepsilon_{1t} = \varepsilon_{1t}^+ + \varepsilon_{1t}^-$ 和 $\varepsilon_{2t} = \varepsilon_{2t}^+ + \varepsilon_{2t}^-$，从而可将式(4.8)和式(4.9)重新改写为：

$$\Delta x(t) = \varepsilon_{1t}^+ + \varepsilon_{1t}^- \quad (4.10)$$

$$\Delta y(t) = \varepsilon_{2t}^+ + \varepsilon_{2t}^- \quad (4.11)$$

根据 Hatemi-J(2012)及 Shin 等(2014)的研究，我们将 $x(t)$ 和 $y(t)$ 的正负变化定义如下：

$$\Delta x(t)^+ = \varepsilon_{1t}^+ = \max(\varepsilon_{1t}, 0), \ \Delta x(t)^- = \varepsilon_{1t}^- = \min(0, \varepsilon_{1t}) \quad (4.12)$$

$$\Delta y(t)^+ = \varepsilon_{2t}^+ = \max(\varepsilon_{2t}, 0), \ \Delta y(t)^- = \varepsilon_{2t}^- = \min(0, \varepsilon_{2t}) \quad (4.13)$$

进一步地，$x(t)$ 和 $y(t)$ 的恒正冲击和恒负冲击可定义为以下部分累积和(Partial Accumulative Sums)的形式：

$$x(t)^+ = \sum_{j=1}^{t} \Delta x(j)^+, \ x(t)^- = \sum_{j=1}^{t} \Delta x(j)^- \quad (4.14)$$

$$y(t)^+ = \sum_{j=1}^{t} \Delta y(j)^+, \ y(t)^- = \sum_{j=1}^{t} \Delta y(j)^- \quad (4.15)$$

需要指出的是，在实证分析部分，我们采用式(4.12)、(4.13)所得到的相关序列的正负变化量，而非它们的部分累积和来进行小波分析。这是因为，部分累积和要么非增，要么非减，没有表现出任何的"周期性"特征。因此，将部分累积和用于小波分析可能是没有意义的。但是，相关变量的正负变化量仍存在周期性波动，因而用于小波分析是合理的，而且据此我们可以将标准的小波分析法扩展至非对称时频分析，以揭示国际资本流动和数字人民币的潜在非对称因果关系。

4.2.1.5 小波增益系数

借鉴 Aguiar-Conraria 等(2008)的研究，我们首先将 $x(t)$ 对 $y(t)$ 的复小波增益系数定义为 $\mathcal{G}_{yx}$，其表达式如下：

$$\mathcal{G}_{yx} = \frac{S(W_{xy}(\tau, s))}{S(|W_x(\tau, s)|^2)} = \rho_{yx} \frac{\sigma_y}{\sigma_x} \quad (4.16)$$

其中，σ_x、σ_y 分别表示 $\sigma_x = \sqrt{S|W_x(\tau, s)^2|}$ 和 $\sigma_x = \sqrt{S|W_y(\tau, s)^2|}$，且 S 为时频平滑算子，ρ_{yx} 为复小波相关系数。遵循 Aguiar-Conraria 等(2008)、Mandler 和 Scharnagl(2014)的定义，小波增益系数 g_{yx} 可进一步表

示为 $\mathcal{G}_{yx}$ 的模，即：

$$g_{yx} = \frac{|S(W_{xy}(\tau, s))|}{S(|W_x(\tau, s)|^2)} = \varphi_{yx} \frac{\sigma_y}{\sigma_x} \tag{4.17}$$

其中，g_{yx} 为小波相关系数。前文已作过介绍，此处不加赘述。结合 Engle(1976) 对傅立叶增益系数 (Fourier Gain) 的概念界定，我们可将小波增益系数定义为给定频率和时间下 $x(t)$ 对 $y(t)$ 的时变回归系数。由此，借助小波增益系数，我们可从时间和频率双视角更为细致地估计与分析我国国际资本流动反应函数。

4.2.2 研究方法二：基于 TVP-VAR 模型的动态溢出分析

为进一步考察数字人民币对国际资本流动的影响因时而异，本章还进一步采用含随机波动率的时变参数向量自回归 (TVP-VAR) 模型对国际资本与数字人民币的动态关系进行实证分析。需要指出的是，TVP-VAR 模型是在传统向量自回归模型 (VAR) 的基础上，允许其随机波动率因时而异。其中，VAR 模型把系统中各变量均作为所有变量滞后值的线性组合函数。不失一般性，VAR 模型的数学表达式可以定义如下：

$$Ay_t = F_1 y_{t-1} + \cdots + F_s y_{t-s} + \mu_t \tag{4.18}$$

其中，$t = s+1, \cdots, n$；$y_t = (\pi_t, \hat{y}_t, i_t, s_t, \pi_t^*)$ 是一个 5×1 维向量，A、$F_1, \cdots, F_s$ 是系数 5×5 阶矩阵，μ_t 是 5×1 的随机扰动结构冲击。若矩阵 A 是主对角线为 1 的下三角阵，该 VAR 模型属于递归的 VAR 模型。由于行列式非零，故式 (4.18) 中系数矩阵可逆，进而我们可以进一步将式 (4.18) 改写成以下形式：

$$y_t = B_1 Y_{t-1} + \cdots + B_s Y_{t-s} + A^{-1} \sum \varepsilon_t \tag{4.19}$$

其中，$\varepsilon_t \sim N(0, I_K)$，$B_i = A^{-1} F$，$i = 1, 2, \cdots, s$，且

$$\sum = \begin{pmatrix} \sigma_1 & 0 & \cdots & 0 \\ 0 & \ddots & \ddots & \vdots \\ \vdots & \ddots & \ddots & 0 \\ 0 & \cdots & 0 & \sigma_k \end{pmatrix}$$

进一步地,式(4.19)可以表示为:

$$y_t = X_t\beta + A^{-1}\sum \varepsilon_t \quad (4.20)$$

其中,β 是 $k^2s \times 1$ 向量,另外,记 $X_t = I_k \otimes (y'_{t-1}, \cdots, y'_{t-s})$,其中,$\otimes$ 为克罗内克积。

Primiceri(2005)提出了含随机波动率的时变参数向量自回归(Vector Autoregressive with Time-Varying Parameters Model,简称 TVP-VAR)模型,为研究变量间关系的时变特征提供了新方法,并能更好地考察经济变量间的动态作用关系。考虑以下简化形式的 TVP-VAR 模型:

$$y_t = X_t\beta_t + A_t^{-1}\sum{}_t\varepsilon_t \quad (4.21)$$

其中,$t = s+1, \cdots, n$;β_t,A_t 和 $\sum_t$ 均会随着时间的推移发生变化,且 $\sum_t = diag(\sigma_{1t}, \cdots, \sigma_{kt})$。具体地,依据 Primiceri(2005),在本章中矩阵 A_t 下三角中元素的堆积向量用 α_t,β_t 和 h_t 表示。定义 $\alpha_t = (\alpha_{1t}, \cdots, \alpha_{qt})'$ 是 A_t 的堆积向量,β_t 是 $B_{1t}, \cdots, B_{st}$ 堆积向量,$h_t = (h_{1t}, \cdots, h_{kt})'$ 代表对数随机波动率矩阵向量,且对于所有的 $j = 1, \cdots, k$,$t = s+1, \cdots, n$,有 $h_{jt} = \ln\sigma_{jt}^2$。假定模型中所有的参数均服从随机游走过程,即:

$$\begin{aligned}\alpha_{t+1} &= \alpha_t + \mu_{\alpha t}\\ \beta_{t+1} &= \beta_t + \mu_{\beta t}\\ h_{t+1} &= h_t + \mu_{ht}\end{aligned} \begin{pmatrix}\varepsilon_t\\\mu_{\alpha t}\\\mu_{\beta t}\\\mu_{ht}\end{pmatrix} \sim N\left(0, \begin{pmatrix}I & 0 & 0 & 0\\ 0 & \sum_\alpha & 0 & 0\\ 0 & 0 & \sum_\beta & 0\\ 0 & 0 & 0 & \sum_h\end{pmatrix}\right) \quad (4.22)$$

其中,$\sum_\alpha$、$\sum_\beta$ 和 $\sum_h$ 均为对角矩阵,时变参数服从随机游走过程,且各时变参数之间冲击互不相关,即 $\alpha_{t+1} \sim N(\mu_{\alpha 0}, \sum_{\alpha 0})$,$\beta_{t+1} \sim N(\mu_{\beta 0}, \sum_{\beta 0})$ 及 $h_{t+1} \sim N(\mu_{h 0}, \sum_{h 0})$。

此外,在具体运用 TVP-VAR 模型进行估计时,本章面临以下两大问题需要解决:首先,该模型的估计以及脉冲响应的精准度会因大量识别的参数而降低(Koop and Korobilis,2012)。其次,该模型的估计因随机波动模型的似然函数构建而产生困难（Nakajima，2011）。对此，本章遵循Nakajima（2011）的方法，利用马尔科夫链蒙特卡罗模拟（Markov Chain Monte Carlo Simulation，MCMC）模型方法对TVP-SV-VAR模型进行估计，并结合移步的Gibbs抽样来进行TVP-VAR模型的参数估计，迭代次数为10000次，预烧样本值为1000。

进一步地，为计算出广义脉冲响应函数（GIRF）和广义误差方差分解（GFEVD），我们将TVP-VAR模型写成如下递推关系式：

$$\Delta y_t = \sum_{i=1}^{p} \beta_{it} \Delta y_{t-i} + \varepsilon_t = \sum_{j=1}^{\infty} A_{jt} \varepsilon_{t-j} + \varepsilon_t \quad (4.23)$$

由此，我们可以得到 $N \times N$ 维 GFEVD 矩阵：

$$\phi_{ij,t}^g(h) = \frac{\sum_{ii,t}^{-1} \sum_{t=1}^{h-1} (l_i' A_t S_t l_j)^2}{\sum_{j=1}^{N} \sum_{t=1}^{h-1} (l_i A_t S_t A_t' l_i)} \quad (4.24)$$

其中，$\phi_{ij,t}^g$ 表示第 i 个变量的总预测方差中来自第 j 个变量的比例；h 表示预测期。矩阵中的元素可进一步表述为：

$$\tilde{\phi}_{ij,t}^g(h) = \frac{\phi_{ij,t}^g(h)}{\sum_{j=1}^{N} \phi_{ij,t}^g(h)} \quad (4.25)$$

其中，$\tilde{\phi}_{ij,t}^g(h)$ 表示从变量 j 到变量 i 的定向溢出指数。利用 GFEVD 矩阵，我们还可进一步计算出总动态溢出指数：

$$TCI_t^g(h) = N^{-1} \sum_{i=1}^{N} \tilde{\phi}_{ii,t}^g(h) \quad (4.26)$$

如式（4.26）所示，总动态溢出指数即 GFEVD 矩阵中所有非对角元素的和与变量个数之间的比值，可用来刻画所有变量之间的总动态溢出效应。

紧接着，我们关注特定变量 i 对其他所有变量的定向溢出效应和定向溢出效应，二者的表达式分别如下：

$$DCO_{i \to j,t}^g(h) = \sum_{j=1, i \neq j}^{N} \tilde{\phi}_{ji,t}^g(h) \quad (4.27)$$

$$DCI_{i \leftarrow j,t}^g(h) = \sum_{j=1, i \neq j}^{N} \tilde{\phi}_{ij,t}^g(h) \quad (4.28)$$

二者之差可以表示为变量 i 对所有变量的净溢出效应：

$$NC_{i,t}^g = DCO_{i \to j,t}^g(J) - DCI_{i \leftarrow j,t}^g(J) \tag{4.29}$$

若 $NC_{i,t}^g > 0$，则表示变量 i 的波动驱动模型网络中其他变量；反之，则意味着变量 i 的波动由其他变量所驱动。

最后，我们将 $NC_{i,t}^g$ 分解为两两变量之间的净溢出效应，其表达式为：

$$NPC_{ij}(h) = \tilde{\phi}_{ji,t}^g(h) - \tilde{\phi}_{ij,t}^g(h) \tag{4.30}$$

若 $NPC_{ij}(h) > 0$，则表示变量 i 的波动驱动变量 j；反之，则意味着变量 i 的波动由变量 j 所驱动。

4.3 变量选取与数据说明

本部分实证分析所使用的 7 个月度时间序列包括国际资本流动（CF）、数字人民币（$M0$）、汇率预期（NDF）、人民币对美元汇率（ER）、GDP 增速差额（GDP）、股利收益率差额（SP）、美国利率（IRU）。变量的具体度量方式如下：①国际资本流动（CF）。以往的文献中对短期资本流动的规模有不同的测算方法，且估算差异较大，张明（2011）根据数据的可得性，创新性地从高频视角提出短期资本流动的计算方式，具体而言：短期跨境资本流动=外汇储备增加量-外商直接投资金额-贸易顺差金额。本章借鉴张明（2011）的处理方法来测算短期跨境资本流动规模的月度估计值，并以此作为国际资本流动的代理变量。②数字人民币（$M0$）。由于数字人民币在我国货币体系中的定位为 $M0$，故本章采用 $M0$ 同比增速作为数字人民币的代理变量。③汇率预期（NDF）。汇率预期则采用直接标价法下离岸市场中人民币对美元的一年期无本金交割协议价（NDF）作为代理变量。由于 NDF 同时考虑了人民币双边名义汇率变动和通胀变化，对真实反映货币购买力具有重要作用（司登奎等，2016）。④人民币对美元汇率（ER）。由于中国在相当长的时间内采取事实上钉住美元的固定汇率制度，并且国际投资者通常通过观察某国货币的名义利率作为其判断升贬值的依据，故本章选取直接标价法下的人民币对美元汇率作为人民币对美元即期汇率的代理变量。⑤GDP 增速差额（*GDP*）。由于中国没有对 GDP 月度数据进行统计，本书采用中国的工业增加值同比增速作为 GDP 增速的代理变量，因此，GDP 增速差额采用中美工业增加值增速之差表示。⑥股利收益率差额（*SP*），以中美股利收益率之差表示。⑦美国利率（*IRU*），以伦敦银行间同业拆借利率中的美元利率表示。其中，国际资本流动和人民币对美元即期汇率的相关数据来源于国际统计局、海关总署和中国人民银行，其余数据均来自 Wind 数据库。综上，本章所选取的变量及其度量方式如表 4.1 所示。

表 4.1 解释变量及其度量方式

变量	含义	度量方式
CF	国际资本流动	以短期跨境资本流动规模的月度估计值表示
M0	数字人民币	以 M0 同比增速表示
NDF	汇率预期	离岸市场中人民币对美元的一年期无本金交割协议价
ER	人民币对美元汇率	以直接标价法下的人民币对美元汇率表示
GDP	GDP 增速差额	以中美 GDP 增速之差表示
SP	股利收益率差额	以中美股利收益率之差表示
IRU	美国利率	以伦敦银行间同业拆借利率中的美元利率表示

4.4 实证结果分析

表 4.2、表 4.3 以及图 4.1 至图 4.7 中内容显示了本章实证分析结果。其中，图 4.1 和图 4.2 是基于小波分析法的实证分析结果，其余则为动态溢出分析结果。

图 4.1 显示了在控制变量 *GDP*、*ER*、*NDF*、*CPI* 和 *ID* 的情形下，数字人民币与国际资本流动之间的相关关系。具体而言，变量之间的动态相关系数由颜色深浅来衡量，颜色越深，则二者间的相关系数越接近 1(0)。不难发现，2015—2018 年，数字人民币与国际资本流动在 1.5~1.8 年频段内相关性较低，而在其余样本区间内二者均保持较高的相关性。

4 数字人民币对人民币国际化影响的实证研究：基于跨境资本流动视角

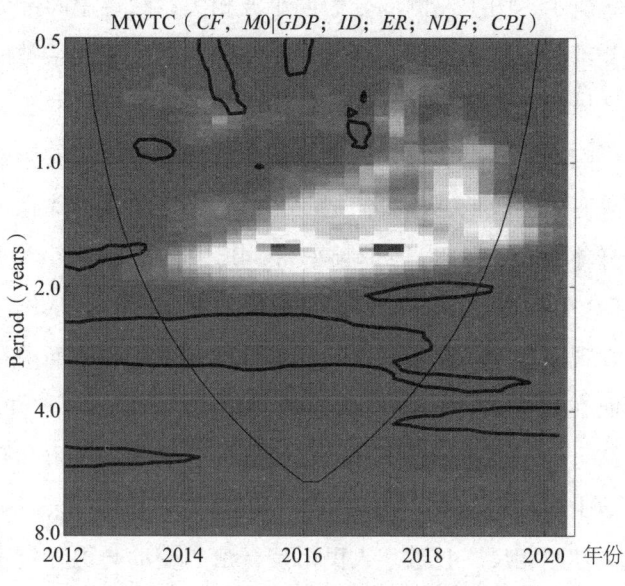

图 4.1 多元小波相关系数

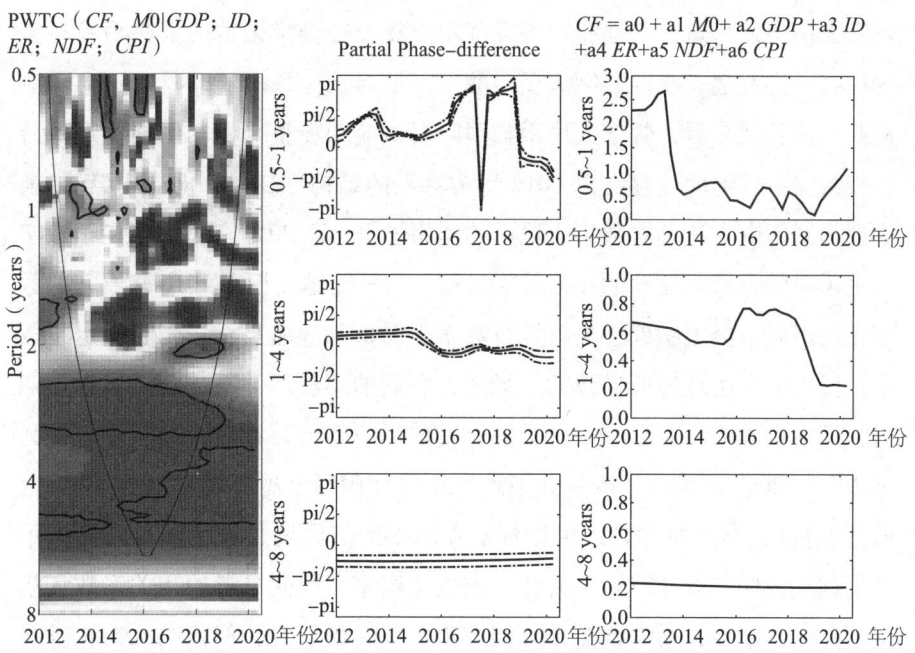

图 4.2 偏小波相关系数

如图 4.2 所示，图中左侧部分为偏小波相关系数，中间部分为偏小波相位差，右侧部分为偏小波增益系数。在左侧偏小波相关系数图中，黑色曲线围成的区域表示在 5% 的水平下显著相关，两条对称平滑曲线下方的区域为锥形影响域（简称 COI），由于可能会受到边缘效应的影响，这一区域的分析结果有效性较低，故我们把此区域的实证结果排除在外。进一步地，我们把样本区间划分为三个频率带，其中，0.5~1 年为高频带（短期），1~4 年为中频带（中期），4~8 年为低频带（长期）。从偏小波相关系数图中可以发现，数字人民币与国际资本流动在短期和中期内存在显著的相关关系，而在长期这种相关关系逐渐弱化，这与前文分析的结论相吻合。进一步结合偏小波相位差可知，在短期内，数字人民币和国际资本流动在 2012—2016 年以及 2019—2020 年呈正相关关系，在余下的样本期间内二者的相关性则相反，且数字人民币发行量的变动与国际资本流动的变动交替领先。而在中期，情况则完全不同，在整个样本区间内，数字人民币与国际资本流动都表现为正相关关系，且国际资本流动的变动均领先于数字人民币发行量的变动，即国际资本流动增加会带来数字人民币发行量的提高，换言之，我国数字人民币的发行量对国际资本流动具有正向反应机制。从长期来看，数字人民币与国际资本流动在整个样本区间内都保持正相关关系，但明显存在以 2016 年为界限的结构性变化，即 2016 年之前表现为国际资本流动对数字人民币的作用过程，而 2016 年之后倾向于数字人民币对国际资本流动的正向反应过程，这可能是央行在 2016 年召开的数字人民币研讨会上明确了央行发行数字人民币的战略目标，同时肯定了数字人民币的合法地位所导致的。最后，右侧的小波增益系数表明，在短期内，国际资本流动对数字人民币发行量的反应系数存在较大的波动，尤其是 2013—2014 年发生了断崖式下跌。2013 年国际金融市场呈现出"北强南弱"的特征，与此相对应，国际资本在新兴经济体增长放缓和美联储货币政策调整预期升温的背景下持续回流发达国家，因此二者的相关系数大幅度下降。在中期，小波增益系数相较于短期有所下降，但依旧维持在较高水平，表明国际资本流动对数字人民币发行量的响应机制仍较为明显。从长期来看，小波增益系数比较平稳，且基本维持在 0.2 以下，同时结果表明,这一响应程度并不高,潜在原因主要是在这一时期我国经济社会的主要矛盾表现为经济增长呈现出结构性下降趋势,此时央行的货币政策以保持经济平稳增长为目标,对国际资本流动的监管有所加强,从而弱化了数字人民币与国际资本流动之间的相关关系。

表4.2为相关变量的描述性统计结果。可以看出,国际资本流动、数字人民币等变量均围绕均值上下波动,符合平稳时间序列的特点。但是,中美GDP增速之差不符合平稳时间序列的特点,而动态溢出模型要求系统中所有变量均符合平稳时间序列的特点。基于此,动态溢出模型中包括了表4.2中除中美GDP增速差之外的所有变量。

表4.2 变量描述性统计

变量	CF	M0	ER	NDF	SP	IRU
Mean	0.504	0.071	0.034	0.034	3.785	0.728
Variance	0.09	0.002	0.001	0.001	16.465	0.643
Skewness	0.086 (0.706)	1.339*** (0.000)	0.412* (0.080)	0.732*** (0.003)	2.250*** (0.000)	0.947*** (0.000)
Kurtosis	-1.269*** (0.000)	1.749*** (0.008)	-0.830*** (0.009)	-0.055 (0.847)	5.971*** (0.000)	-0.631 (0.106)
JB	6.966** (0.031)	43.478*** (0.000)	5.812* (0.055)	9.134*** (0.010)	237.568*** (0.000)	16.940*** (0.000)
ERS	-3.828*** (0.000)	-2.233** (0.028)	-2.765*** (0.007)	-3.032*** (0.003)	-2.917*** (0.004)	-1.959* (0.053)
Q(10)	10.237* (0.063)	12.066** (0.026)	200.247*** (0.000)	142.386*** (0.000)	26.989*** (0.000)	464.613*** (0.000)
Q2(10)	9.445* (0.090)	2.130 (0.926)	147.473*** (0.000)	121.002*** (0.000)	17.552*** (0.001)	445.274*** (0.000)

注:***、**、*分别表示1%、5%和10%的显著性水平。括号内数值表示统计量的伴随概率。

表4.3显示了不同变量之间的动态溢出效应。总体上看,国际资本流动与其影响因素之间的溢出效应具有明显的非对称性特征,美国利率和中美两国股价收益率之差的净溢出效应为正,而国际资本流动、数字人民币、人民币对美元即期汇率以及人民币汇率预期的净溢出效应为负。美国利率的净溢出效应最大,数字人民币的净溢入效应最大,说明当风险发生

时，美国利率更容易将风险向外传导，成为主要的风险输出者，而数字人民币则相反，作为受冲击方，有抚平波动传导的作用。具体来看，国际资本流动对数字人民币的定向溢出效应较小，而数字人民币对国际资本流动的定向溢出效应较大，而且数字人民币对国际资本流动的溢出效应远大于国际资本流动对数字人民币的定向溢出效应，该结果所隐含的潜在经济学含义可概述为：在数字人民币和国际资本流动之间，数字人民币更多的是作为输出者对国际资本流动施加影响。这也进一步印证了数字人民币发展能够显著影响国际资本流动。

表 4.3 全样本风险溢出情况

变量	CF	M0	ER	NDF	SP	IRU	FROM others
CF	84.24	0.22	4.73	3.52	4.73	2.57	15.76
M0	2.13	49.52	5.82	3.38	3.95	35.21	50.48
ER	3.42	1.28	38.30	29.46	3.68	23.84	61.70
NDF	2.41	1.79	29.16	37.03	3.43	26.17	62.97
SP	0.07	0.04	4.40	1.03	90.87	3.58	9.13
IRU	0.15	3.15	11.25	5.89	4.77	74.80	25.20
TO others	8.18	6.48	55.36	43.28	20.56	91.38	225.23
NET	−7.58	−44.00	−6.34	−19.69	11.43	66.18	TCI
NPDC	4.00	5.00	2.00	2.00	1.00	1.00	37.54

注：TCI(Total Connectedness Index)是指总溢出效应指数。

上文描述了样本期间国际资本流动、数字人民币等因素的总体风险溢出程度及方向。本部分则在上述分析的基础上进一步引入滚动窗口技术以着重刻画国际资本流动及其影响因素之间波动溢出效应的时变特征，进而考察其中的波动溢出效应特征。

4.4.1 总体溢出指数

从图 4.3 中可以看出，在样本区间内，总体波动溢出指数始终保持在 25%~60%，其中，2012 年年初，总体波动溢出指数在 30% 以下，2012 年年中，总体波动溢出指数陡然上升到了 40% 之上，修正后的总体风险指数更是快速升至 50% 之上，并在此后较长的一段时期内保持在较高的水平。为进一步有序推动利率市场化改革进程，中国人民银行于2010—2011年分阶段对存贷款利率进行改革，而且此后也多次对存贷款利率浮动上限进行调整，到2015年更是不再设定存款利率浮动上限，初步完成了利率市场化改革，由此成为总体波动溢出指数较高的成因之一。在2008年次贷危机期间，我国实施的是有管理的浮动汇率制度，在这一时期，我国贸易顺差呈急速下滑特征，人民币汇率升值压力较大，国际资本流动波动性上升，汇率波动性上升同样成为2012年总体波动溢出指数上升的原因之一。同样，伴随着境外直接投资试点方案和人民币结算业务等，资本账户开放的步伐随利率市场化改革和汇率市场化改革也呈现出快速推进态势，国际资本流动的波动幅度亦随之加剧，短期国际资本流入和流出频繁交替出现。利率市场化改革、汇率市场化改革、资本账户开放以及2008年次贷危机的滞后效应成为2012年总体波动溢出陡然上升并在此后较长一段时期内保持高位的原因。

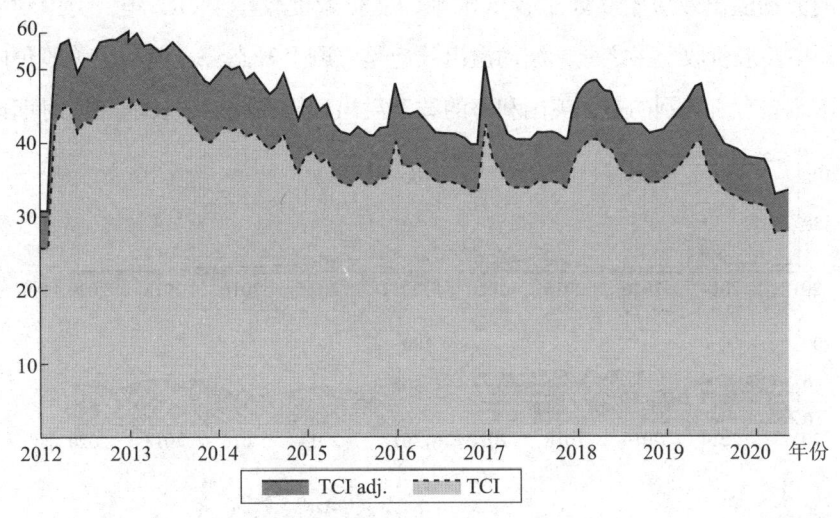

图4.3 总体波动溢出指数

4.4.2 定向溢出指数

图4.4和图4.5分别展示了国际资本流动、数字人民币、人民币对美元即期汇率、人民币汇率预期、中美股价收益率之差以及美国利率的波动

溢出和溢入效应。总体而言，上述指标的波动溢出和溢入效应均具有显著的时变性特征，且波动幅度较大。

图 4.4 描述了所选取指标的波动溢出效应，国际资本流动和数字人民币的波动溢出水平相对较低，且变化幅度不大，但依旧可以看出数字人民币的波动溢出效应在 2013 年前后达到了较高水平，此后开始呈渐进下降态势，并逐渐收敛于 0。国际资本流动的波动溢出效应则在 2012 年和 2016 年经历了两次较为明显的低谷期。人民币对美元即期汇率和人民币汇率预期这两个和汇率相关的指标的波动溢出效应水平在样本区间较为稳定，集中在 50% 上下波动，且波动幅度相对较小，但在 2014—2016 年经历了较为平缓的小低谷。中美股价收益率之差的波动溢出效应在 2012 年发生了剧烈变化，上半年急剧上升，峰值时期远高于 100%，随后又经历断崖式下降，在较短时期内成为系统内波动主要输出方。此后至今，中美股价收益率之差的波动溢出效应始终处于较低水平，变化幅度较小。2012 年，美国利率紧跟中美股价收益率之差，波动溢出效应呈急剧上升态势，但和中美股价收益率之差有所区别的是，美国利率的波动溢出效应在此后较长的一段时期内

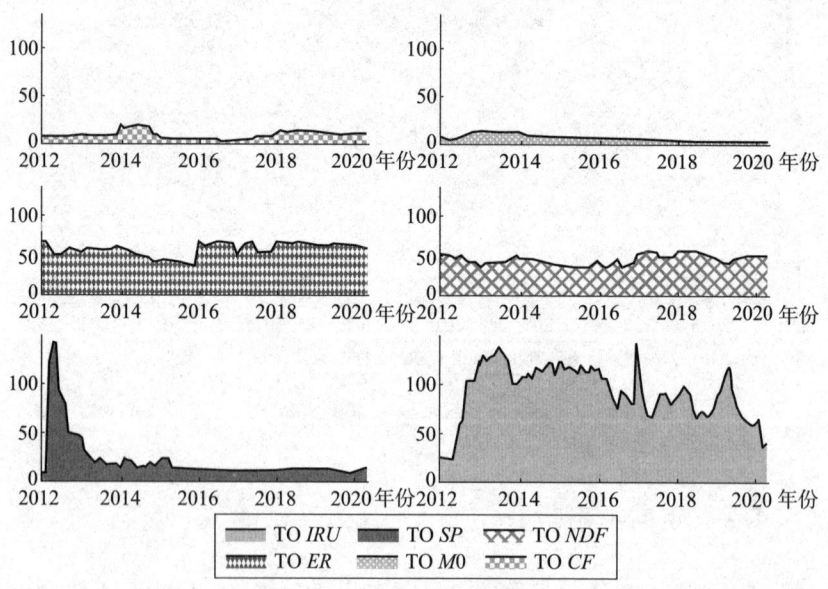

图 4.4　波动溢出效应

保持在较高水平(部分时间达到100%),成为系统内在较长一段时期的主要波动输出方,直至2016年波动输出效应再次有所下降,并在此后一段时间内保持波动下降趋势,但值得注意的是,美国利率在样本区间内的波动输出效应在绝大多数时期高于其余指标,是系统内毋庸置疑的波动输出方。

  图4.5详细描述了所选取指标的波动溢入效应。国际资本流动和数字人民币的波动溢入效应和波动溢出效应显著不同,在样本区间内呈现出较高水平,且变化幅度较大的态势。具体而言,国际资本流动的波动溢入效应在2012—2013年和2019年分别到达了两个峰值,且其波动溢入效应在2012年的40%高位保持了相对较长一段时期,直到2013年才恢复至较低水平,与此相对应的则是中美股价收益率之差和美国利率的波动溢出效应在2012—2013年达到的峰值,说明在这一时期,中美股价收益率之差和美国利率是系统内的主要波动输出方,将波动传导至系统内这一时期的主要波动承受方(国际资本流动和数字人民币)。2013—2019年,国际资本流动的波动溢入效应保持在小于20%的较低水平,其间变化幅度不大,不再是系统的波动承受方,直至2019年,国际资本流动的波动溢入效应达到了高于20%的小峰值。数字人民币的波动溢入溢出效应呈现出显著的非对称性特征,数字人民币的波动溢入效应在样本区间内保持整体上较高水平的同时,其波动幅度也相对较大,其波动溢出效应的最低点位于20%以下,最高点位于80%之上。数字人民币的波动溢出效应仅在2014—2016年处于低于40%的低位,其余大多数时刻都处于高于40%的位置,更是在2013年、2016年、2017年和2018年短暂地达到高于60%的高位,说明在样本区间内,数字人民币是系统内毋庸置疑的波动承受方,对其他因素的变动敏感性较高。人民币对美元即期汇率的波动溢出效应和人民币汇率预期的波动溢入效应始终处于较高位置,是系统内的波动承受方。需要指出的是,人民币对美元即期汇率和人民币汇率预期的波动溢入效应虽处于高位,但变化幅度在样本区间内始终很小。对于中美股价收益率之差和美国利率而言,其波动溢出和溢入效应同样呈现出显著的非对称性。不同于处于较高水平且波动率较大的波动溢出效应,其波动溢入效应始终处于低水平,说明二者在样本区间是系统内的主要波动输出方。需要指出的是,在2012年

年初，美国利率的波动溢入效应呈现出一个小峰值，达到40%之上，成为暂时的、极为短暂的波动承受方。

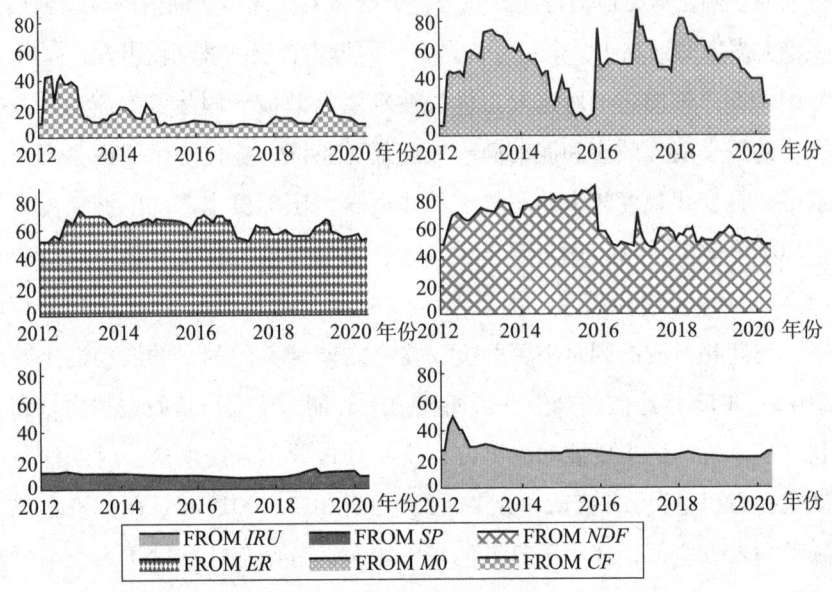

图 4.5　波动溢入效应

4.4.3　净溢出效应

波动净溢出效应是由波动溢出效应与波动溢入效应之差演算而来，揭示了某一个变量在系统内的风险净溢出情况，并以此来判断此变量在系统波动传导过程中的地位。具体而言，当净溢出效应为正时，此变量在系统内为波动输出者或风险源头，当净溢出效应为负时，此变量是系统内的波动承受方或风险接受者。图4.6显示了不同变量之间的净溢出效应结果。总体来看，在样本区间内，国际资本流动、数字人民币、人民币对美元即期汇率、人民币汇率预期是系统内的波动承受方，中美股价收益率之差和美国利率是系统内的主要波动输出者，这说明了美元在中美两国资本流动系统中的强势地位以及数字人民币的相对弱势地位。更进一步而言，我们将样本分为以下几个区间：2012—2013年，由于2008年的次贷危机，我国贸易顺差规模急速下滑，并且2012年我国"双顺差"局面被首次打破，并出现了贸易逆差的典型特征,成为美国股市的重大利好信息,中美股价收益率之差成为此阶段的主要波动输出者,此阶段的主要波动接受者为国际资本流动、数字人民币以及人民币汇率预期。2013—2016 年,中美股市收益率之差逐渐收敛于 0,退出波动传导过程,与之相对应地,在此期间,美国利率替代中美股价收益率之差成为绝对的波动输出者和风险源头,波动承受方则主要为数字人民币和人民币汇率预期。但值得注意的是,在此期间,人民币汇率的净溢入效应不断增加,数字人民币的净溢入效应则不断减少。在 2015 年"8·11"汇改之前,央行通过适度调整汇率中间价的方式来保持汇率的基本稳定,在这一过程中,人民币对美元汇率的实际价格略低于中间价(陈创练等,2017),因而人民币汇率替代数字人民币成为此期间的主要波动承受方。2015 年年末、2016 年年初,央行确定了"收盘价+篮子货币"的汇率定价机制,此后,人民币汇率预期和人民币对美元即期汇率的差异的净溢出效应始终在 0 附近波动,数字人民币成为最主要的波动承受方。2016 年,美联储宣布加息,退出货币宽松政策,美国利率的波动净溢出效应也在逐渐降低,相应地,数字人民币的净溢入效应也在逐渐降低。

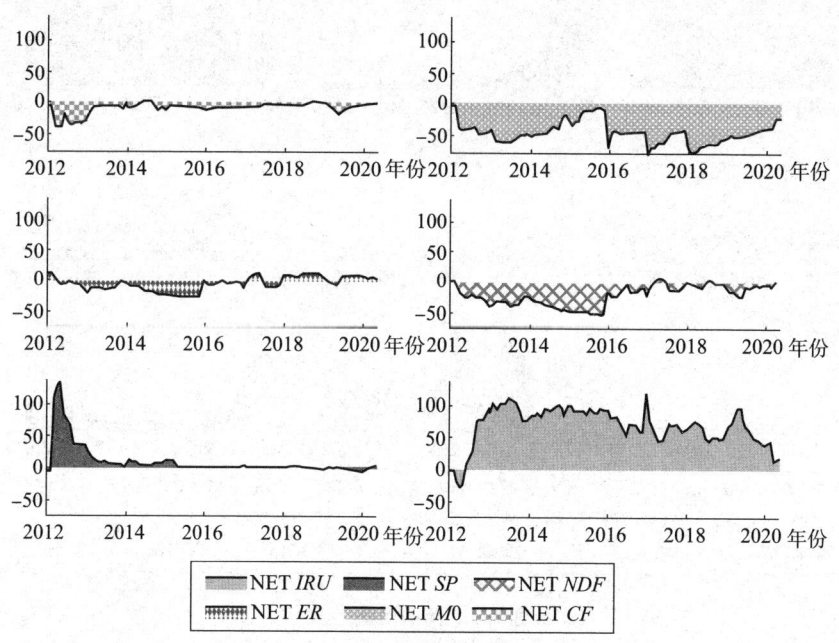

图 4.6　净溢出效应

4.4.4 两两溢出效应

两两溢出效应度量的是系统内具体变量之间的波动溢出关联，更为清晰地展示了具体波动传导过程。图4.7显示了两两变量之间的溢出效应。首先，美国利率在和系统内其他变量的两两溢出效应中，均是波动输出者，也就是风险的源头，展现出美元在国际资本流动系统中的绝对强势地位。中美股价收益率之差对人民币汇率预期、国际资本流动和数字人民币的波动溢出效应主要体现在2012年，此后，中美股价收益率之差的波动溢

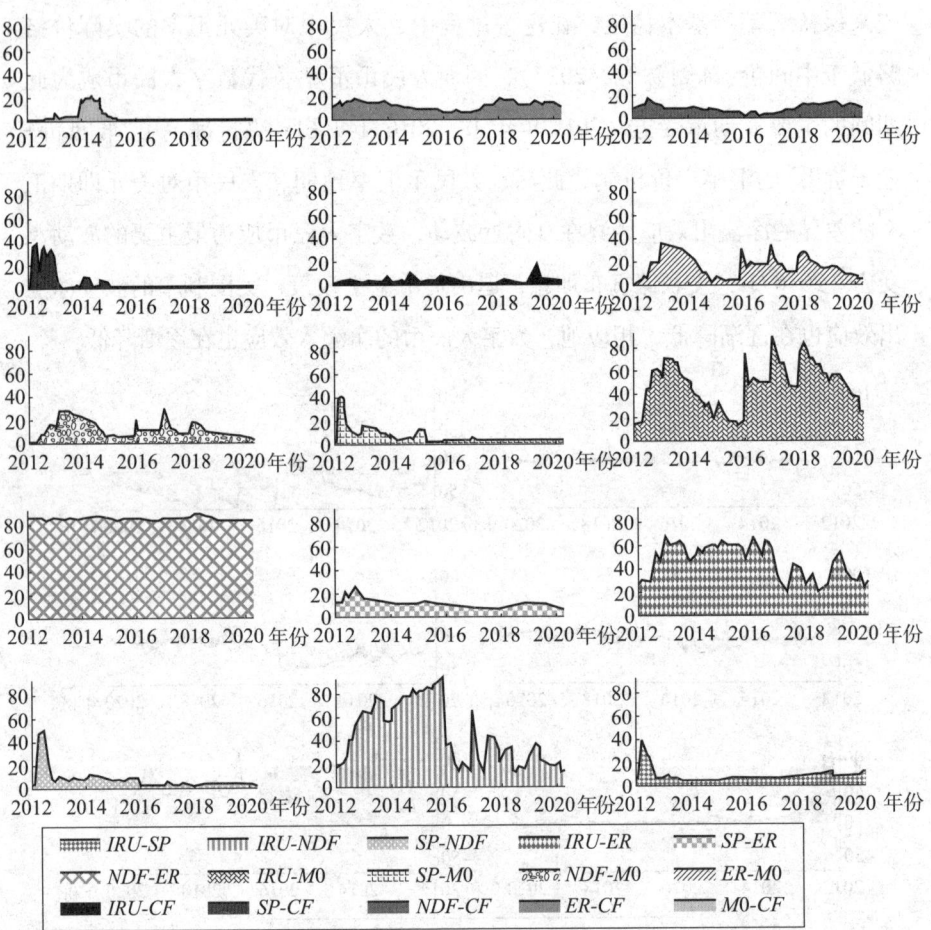

图4.7 两两溢出效应

出效应逐渐恢复至0。其次，人民币汇率预期和人民币对美元即期汇率同时作为美国利率和中美股价收益率之差的波动溢出承受方，和对国际资本流动与人民币汇率预期的波动输出者，在系统中更多地作为将波动从美国利率和中美股价收益率之差传导至国际资本流动和人民币汇率预期的桥梁和渠道。最后，数字人民币对国际资本流动的溢出效应始终为正，且在2014—2016年达到极大值，而在和其他变量的两两溢出效应中，数字人民币更多的是作为波动承受方。国际资本流动则作为系统中绝对的波动溢出承受者，对系统中其他因素变动的敏感性较高。

4.5　本章小结

本章基于小波分析法和动态溢出分析法分别实证估计了我国国际资本流动和数字人民币之间的相关关系。结果表明：①我国数字人民币与国际资本流动之间存在较高的相关性，且这种相关关系在不同时期和不同频率下具有显著的异质性。②美国利率和中美股价收益率之差作为系统中风险的源头，对数字人民币等系统内其他变量的波动溢出效应在样本区间内始终为正。③国际资本流动和数字人民币作为系统内的波动承受者，对其他变量的波动溢入效应始终为正；人民币汇率预期和人民币对美元即期汇率同时作为美国利率和中美股价收益率之差的波动溢出承受方，以及对国际资本流动与人民币汇率预期的波动输出者，在系统中更多地作为将波动从美国利率和中美股价收益率之差传导至国际资本流动和人民币汇率预期的桥梁和渠道。④数字人民币对国际资本流动的溢出效应始终为正，且在2014—2016年有一个较为明显的峰值。本研究为我国进一步推进数字人民币相关制度建设以及如何应对数字经济飞速发展下的国际资本流动问题提供了一定的理论基础和政策启示。

5

数字人民币对人民币国际化影响的实证研究：
基于非线性和时变性视角

5.1 引言

近年来，随着现代信息技术和金融科技的快速发展，数字货币受到了全世界的广泛关注，与此同时，许多国家也推出了多种形式的数字货币。数字货币不仅改变了货币形式和支付系统，也从根本上为社会、经济和信息互联带来了深刻变革。从货币发展必然性来看，伴随着社会经济的进一步发展，需求升级和技术进步必然共同推动货币向高效率、低成本的方向演进，逐步从实体货币升级为信用货币，并出现了数字货币新形态。数字货币由分布式账本技术(DLT)、大数据、加密算法等底层技术驱动，具有可编程、可溯源、可控匿名等特征，较好地迎合了数字经济时代的交易需求，在经济活动中扮演着关键角色。特别是2020年以来，为适应新冠疫情背景下经济数字化新趋势，应对来自私人数字货币、数字稳定币等新型数字货币的竞争，全球各国的中央银行将以国家信用为担保的数字货币列为重大课题，已取得该领域的领先地位。目前，全球已有86%的央行开展央行数字货币研究，60%的央行将数字货币推进至测试阶段，14%的央行正在部署试点项目。2020年10月，国际清算银行联合七家中央银行成立的央行数字货币工作组发布了《央行数字货币：基本原则与核心特征》报告，标志着央行数字货币正式进入国际组织与主流央行的视野，全球央行数字货币领域正在进入愈加激烈的竞争状态。

近年来，中国人民银行(以下简称我国央行)通过推出各项举措加快推进法定数字货币研发，助力数字经济发展。早在2014年，我国央行就成立了法定数字货币研究小组，开始研究法定数字货币；2016年，我国央行的

数字人民币（DC/EP）对人民币国际化的影响
The Impact of Digital Currency Electronic Payment (DC/EP) on Internationalization of RMB

数字货币研究所正式成立；2017年，央行首次将中国法定数字货币命名为DC/EP（Digital Currency／Electronic Payment），同年，DC/EP在以区块链技术为依托的数字票据交易平台上进行测试并获得成功；2018年，中国人民银行金融科技研究院（深圳金融科技研究院）正式成立；2019年和2020年，央行数字货币持续升温、迅猛发展。2019年年底，数字人民币相继在深圳、苏州、雄安新区、成都及未来的北京冬奥场馆启动试点测试。通过央行助推数字人民币发展的举措可以看出，数字人民币应用场景不断扩大和完善，这将对我国数字经济高质量发展，以及推动人民币国际化进程产生重大且深远的影响。当前，我国数字人民币运营体系、管理模式以及技术路线等已基本成型，相关支持政策也陆续出台，其顺利推行不仅可以提升人民币发行和流通速度，进一步提高人民币支付结算效率，更在应对境外数字货币与国际主导货币的双重挤压、缓解资本管制带来的跨境支付矛盾等方面发挥了关键作用。因此，数字人民币成为助推人民币国际化进程快速推进，进而促进我国经济高质量发展的重要一环。

自2009年我国央行启动跨境贸易人民币结算试点以来，人民币朝着国际货币方向发展。这期间，人民币跨境使用规模不断扩大，国际货币职能不断增强，现已成为我国第二大跨境收支货币、全球第五大支付货币和第五大储备货币。然而，人民币的国际地位与我国第一大贸易国和第二大世界经济体地位不相匹配。此外，人民币国际化进程还面临着内外困境。从内部来看，作为我国金融领域改革的一项重要内容，利率和汇率市场化改革已经取得很大进展，但尚未完成，除此之外，人民币资本输出与回流机制仍不完善，人民币跨境使用功能尚不健全，因而我国现阶段并不具备与国际货币相匹配的金融体系。从外部来看，国际货币的使用存在惯性，美元具有绝对的规模优势和网络外部性优势，因此在国际货币体系中处于霸权地位，其他货币在国际货币和金融体系中地位不够高。

新形势下，尽管面临复杂的国际环境，但人民币国际化仍处于重要的战略机遇期，稳慎推进人民币国际化既是应对数字化变革和美元霸权风险、维护我国货币主权与金融安全的现实需要，也是推动我国经济高质量发展、实现更高水平对外开放的必然选择。特别地，数字人民币属于金融货币领域的基础性变革，将有利于加速人民币国际化进程，进而扩大中国在国际货币体系治理机制改革上的话语权。此外，数字人民币为实现人民币与我国经济和贸易相匹配的货币地位，进而实现人民币国际化提供了重要机遇。一方面，数字人民币作为"一串代码"，将其应用到跨境支付领域时，将在局部范围内实现可兑换，缓解资本项目管制带来的跨境支付矛盾，同时，金融科技的快速发展将促进金融创新，加快金融业改革开放，为人民币国际化营造良好环境。另一方面，数字人民币使无摩擦、无中介的点对点交易成为现实，这在很大程度上发挥了降低成本的优势，以及弱化美元等关键货币的使用惯性，并在一定程度上提升了人民币的网络外部性。因此，本研究尝试从全新的视角寻找影响人民币国际化进程的因素，并重点探讨数字人民币对人民币国际化产生的推动作用，从数字人民币视角探寻人民币国际化进程的新动力与新方法，这对于推动我国货币、金融领域发展以及推进更高水平对外开放从而实现更大互利共赢具有重要的理论价值和现实意义。

随着数字人民币的快速发展，货币数字化成为社会关注的焦点，就当前我国经济发展而言，金融是核心，而对于金融来说，货币是其核心。数字货币对未来经济的发展有着巨大影响，换言之，数字货币是互联网金融科技的产物。数字货币的出现为人们的生活和工作提供了诸多便利，尤其是对于偏远地区的人们而言，数字货币的优势更为凸显，其能够为客观条件不便利地区的人们提供更为多元化的金融服务（牛美英等，2021）。另外，数字货币的出现也有助于中央银行宏观调控经济。数字货币的出现使得所有货币信息更加透明化，中央银行可以利用互联网上记录的货币信息，更好地掌握和监控经济，准确预测经济走势，进而更科学地调节经济。对此，有学者指出，数字人民币的发展不仅有利于我国金融稳定，还会在一定程度上改变货币政策的形态（黄益平，2021）。具体而言，数字货币的非匿名特征，在很大程度上降低了不同主体之间的信息不对称性，这对于提高金融资源配置效率并降低系统性风险具有重要作用。此外，数字人民币的发行对局部人民币可兑换等也会产生积极影响，这将改变人民币国际化的发展路径。

相关研究表明，当前我国数字经济正处在高速发展的裂变期，每年结构变化可达0.3%。此外，当数字经济发展成熟之后，不同行业的齐头并进将会促使少数企业呈喷涌式迅猛发展。央行数字货币的快速发展，必然会对人民币国际化起到相当大的推动作用。具体体现在以下方面：

第一，数字人民币进一步使得人民币支付结算业务得到发展。根据吴蕴赟（2021）的研究，上海市长宁区人民政府与中国人民银行数字货币研究所在2020年决定成立上海金融科技公司，该平台成立的主要目的是逐步建立贸易金融区块链平台并逐步形成技术研发中心。换言之，央行数字货币有望涉足跨境支付结算。随着中国人民银行对数字人民币的试点推广应用，数字人民币将从现存的小额零售逐步发展到小额贸易结算业务、跨境支付结算领域和供应链金融。第二，数字人民币可以为人民币交易业务带来便利（封思贤、杨靖，2020）。这对跨境支付和交易同时具有较大的促进作用，此时人民币的境外流通亦会增加，这对于促进人民币国际化具有重要作用。此外，人民币国际化的最主要体现即跨境支付，而数字人民币可以进一步促进我国跨境支付结算功能，但是这对跨境支付的贸易双方均具有较高的要求，一方面，相关部门应该和海外金融机构、海外金融监管部门在技术操作上做好技术对接，另一方面，为保证央行数字人民币的正常、高效回流与兑换，两个国家需共同签署双边货币互换协议。第三，央行数字人民币的推进会削弱其他国际货币的使用惯性。需要指出的是，在国际现存的信用货币制度下，货币的价值贮藏功能是货币竞争的主要体现，特别地，价值贮藏职能对于提升其在国际货币体系中的地位发挥着重要作用。但是仍然存在许多网络外部性，由于国际使用习惯的存在，国际货币的地位一般情况下很难改变，往往充满复杂性和不可能性。但是我国发展的数字人民币具有相对较大的优势，具体体现在：在数字货币的基础条件下，数字人民币能够无摩擦、无中介地进行交易，此外，其还使得点对点交易成为可能。这意味着货币转换成本的极大降低，进一步会对货币使用惯性产生影响。从这一角度而言，数字人民币会是人民币国际化的一大契机。第四，数字人民币可以缓解人民币国际化面临的国内外困境。从内部看，我国尚未完成利率和汇率市场化改革，人民币在资本项下不可兑换，输出和回流渠道尚不健全，我国尚不具备与国际货币相匹配的金融体系。从外部看，国际货币的使用存在惯性，美元具有绝对的规模优势和网络外部性优势，在国际货币体系中处于霸权地位，其可通过实施各种金融遏制手段，阻碍其他货币"切分蛋糕"。当前，数字货币为人民币打破对美元的路径依赖、实现与中国经济和贸易相匹配的货币地位提供了机遇。数字人民币作为"一串代码"，如果应用到跨境支付领域，或将在局部范围内实现可兑换，缓解资本项目管制带来的跨境支付矛盾，同时，金融科技的快速发展将促进金融创新、加快金融业改革开放，为人民币国际化营造良好环境。

综合以上分析，我国央行发行的数字人民币对人民币国际化的进程有着不可忽视的重要作用，但也存在许多尚未解决的难题，最主要的困难体现在人民币数字货币与境外数字货币对接的风险。具体体现在以下几个方面：

第一，境外使用场景不清晰可能带来的系统风险（吴蕴赟，2021）。相对于在境内使用人民币数字货币而言，境外的使用场景更加复杂。由于使用主体的法律界定和技术设定存在风险，相对于采用区块链技术的Libra币（使用了无许可形式的公有链模式，实现了去中心化），人民币数字货币本质上还是中心化的，因此境外对接使用中的便利性、使用者的身份账号设定等一系列问题，都需要国家之间的法律及金融协定进行背书和支撑，这无形中增加了系统性风险（霍宇辉，2021）。第二，人民币数字货币在境外使用中的操作风险。由于人民币数字货币与境外数字货币的对接往往发生在跨境交易或者人民币国际化结算的过程中，在这个过程中，由于存在人为主观性操作的可能性，往往会造成一些网络黑客的攻击现象，这需要更加安全的网络技术将人民币数字货币与国外对接。第三，人民币外流、反洗钱风险增大。当前，随着人民币国际化步伐的不断加快，人民币离岸的需求不断加大，这就会给人民币的供给带来一定的压力，进而会对人民币的汇率带来一定的影响。此外，我国的数字人民币定位为零售型 CBDC，在使用方面明确为"用于小额的消费"，但是这种大量的小额消费的发生，往往会形成"蚂蚁搬家"式的资金外流。这就会导致一些不法分子利用数字人民币通过"蚂蚁搬家"的方式进行洗钱。人民币数字货币的匿名性、便携性、跨国流动性都为洗钱提供了一定的便利，从而引发利用人民币数字货币洗钱的风险（崔杰，2021）。第四，非主权数字货币可能会侵蚀人民币法定货币地位。随着全球经济一体化的不断推进，商业机构所发行的数字货币应用的范围也会越来越广泛。众多商业机构的加入，会加快这类数字货币在全球流动的速度。这类非政府商业机构发行的数字货币在资源的优化配置和整合方面，具有法定数字货币无法比拟的优点，从而能够让更多的使用者从中受益。而非政府金融机构发行的数字货币优点的不断凸显，会对法定数字货币产生一定的"替代"和"破坏"作用。非政府商业机构发行的数字货币，使用的范围主要为商业领域，随着商业巨头的加入，往往会导致用户一种生活习惯的形成，造成对数字货币市场的垄断，从而替代人民币在这些商业领域的应用，威胁到人民币的主体地位（咸聿东等，2021）。

数字货币的发展对人民币国际化的影响如同一把"双刃剑"，有利亦有弊。需要特别指出的是，我国应该稳慎推进数字金融改革，并以此为促进央行数字货币发行提供条件。从中国的发展现实来看，根据我国制造大国和贸易大国的发展特点和全球地位，虽然我国仍然处于经济转型的关键时期，但各种经济发展成本普遍提高，以前存在的比较优势显著降低，对外贸易也存在较大阻碍。

为充分刻画数字人民币对人民币国际化的影响，本章将从非线性和时变性视角阐释数字人民币对人民币国际化的非对称性影响。特别地，在不同的经济环境及异质性时点下，数字人民币对人民币国际化的影响很可能会依托于其他重要经济变量的影响，因而使得数字人民币对人民币国际化的影响呈现出潜在的非对称性特征。为此，本章首先采用包含随机波动的时变向量自回归模型,初步探究数字人民币、人民币国际化及其相关控制变量的非线性动态演化特征,并对其平稳性和收敛性特征进行甄别。其次,本章基于边限协整方法,对数字人民币和人民币国际化及相关控制变量的长期均衡关系进行刻画,且研究发现数字人民币和人民币国际化之间存在显著的均衡关系。再次,本章从区制转换视角出发,并采用平滑转换自回归模型(STAR),探究数字人民币对人民币国际化的非线性区制影响。最后,为揭示数字人民币对人民币国际化非线性影响背后的潜在机理,本章进一步采用 TVP-SV-BVAR 模型,从不同时点、不同期限深入分析数字人民币影响人民币国际化的动态演化特征,从而为货币当局有序完善数字人民币业务以及有序推进人民币国际化提供参考性启示和建议。

5.2 指标选取、模型设定及数据来源

5.2.1 指标选取及相关检验

结合本书的研究目的与现有文献,同时结合数字人民币与基础货币的联动性特征,本书选取基础货币 M0 同比增速作为数字人民币变化的代理变量。一方面,基础货币 M0 的变动能够反映实体经济的货币运行环境;另一方面,也隐含着不同货币之间的变换,特别是 M0 与数字人民币具有高度相关性,因而采用 M0 增速作为数字人民币的代理变量,能够在一定程度上体现数字人民币的动态演化特征。

需要指出的是,人民币国际化是多重因素综合的结果,有很多学者从不同角度出发构建人民币国际化指数。代表性成果有:彭红枫和谭小玉(2017)从货币职能的角度出发,用主成分分析法(PCA)构建了货币国际化相对程度指数(RCII)、货币国际化总量程度指数(TCII)以及货币国际化绝对程度指数(ACII)。Tung 等(2012)基于人民币在国际资本市场上的外汇储备占比、贸易使用占比等指标,用主成分分析法构建了人民币的货币国

际化程度指数（CIDI）和货币国际化前景指数（CIPI）。综合考虑可比性与可操作性，兼顾结构稳定性与灵活性，本章采用中国人民银行编制的人民币跨境指数。

为了提高参数估计的有效性及更为有效地识别出数字人民币对人民币国际化的影响，本书还借鉴彭红枫和谭小玉（2017）、司登奎等（2018）的研究，采用人民币利率与美元利率之差、中国通胀率与美国通胀率之差、中国产出缺口与美国产出缺口之差以及人民币汇率预期等变量作为控制变量，用来控制其他因素对人民币国际化的冲击，从而能够更为准确地刻画数字人民币对人民币国际化的影响。其中，对于人民币利率而言，本书采用上海同业拆借隔夜利率（Shibor）进行表示，而采用美国联邦基金利率刻画美元利率。对于中国和美国通胀而言，本章分别采用两国消费者价格指数的同比增长率作为两国通货膨胀率的代理变量。对于产出缺口而言，本章采用GDP增速作为产出的代理变量，然后对其进行HP滤波处理，从而得到产出缺口的代理变量。

基于数据的可得性和研究的时效性，本章研究样本为2012年第一季度至2020年第四季度，数据来源于Wind数据库。需要指出的是，为消除季节性影响，本章对所有时间序列数据均进行X-12季节性处理。

5.2.2 典型事实

人民币国际化的动态演变趋势如图5.1所示，从中不难发现，自2012年以来，人民币国际化整体上加快推进，特别地，在2012—2014年以及2017—2020年，人民币国际化推进速度均较快。进一步地，为准确刻画人民币国际化的历程，结合其潜在演变态势，本书将人民币国际化进程分为如下四个阶段：

第一阶段：2008年全球次贷危机之后，人民币国际化进程呈现出快速发展趋势。自2008年国际金融危机爆发后，美元及欧元汇率相继经历了剧烈波动，这促使新兴市场经济体产生了寻求其他国际货币的需求。在这种情况下，我国政府采取了系列稳健性措施以推动人民币国际化的有序发展,特别地,这些举措中包含了相对重要的跨境人民币贸易和跨境投资等。伴随着政策效应的发挥,自 2009 年起,中国政府还积极有效地提高与人民币国际化相关的制度质量,这为有序推进人民币国际化提供了有力的条件支撑,对于促进人民币国际化至关重要。

第二阶段:2012—2014 年,人民币国际化进程相对较慢。在这一阶段,人民币国际化主要采用区域化方式进行。潜在原因可概述为:一方面,我国与邻近国家互相之间贸易交往频繁;另一方面,相对周边国家而言,中国在经济与金融基础建设上具有一定的潜在优势。特别地,自我国加入 WTO 以来,我国的进出口贸易规模呈现出快速增长态势,特别是和周边国家的贸易规模和速度呈现出前所未有的增长,在这一过程中,人民币在发挥潜在的交易支付作用时,其需求也呈大幅增加态势。然而,需要指出的是,由于不同地区的人民币贸易结算发展程度存在明显差异,人民币国际化进程整体相对较慢。

第三阶段:2016—2018 年,人民币国际化进程放缓。受非预期外部冲击的不利影响,全球金融和经济的发展受到严重威胁,同时,在这一阶段中,人民币汇率一度呈现出贬值态势,由此导致国际资本流动呈现出明显的流出态势。需要指出的是,国际资本的大幅流出还会在一定程度上进一步引发人民币贬值,由此导致"国际资本流出—人民币汇率贬值—国际资本流出"的不良循环态势。在这一状况下,境外投资者对人民币的投资需求会进一步降低,以人民币结算和交易的需求也会进一步下降,由此会抑制人民币国际化的进一步推进。因此,2016—2018 年,受非预期外部不确定性的负向冲击,人民币国际化进程速度明显放缓。

第四阶段:2018 年以来,人民币国际化进程有所恢复。自 2018 年以来,中国经济保持了稳定的快速发展,金融市场波动亦逐渐降低。同时,伴随着资本账户的逐渐开放,中国金融市场的国际化水平进一步提升,人民币资产配置比例相对较高,进一步推动了人民币国际化进程。

数字人民币（DC/EP）对人民币国际化的影响
The Impact of Digital Currency Electronic Payment (DC/EP) on Internationalization of RMB

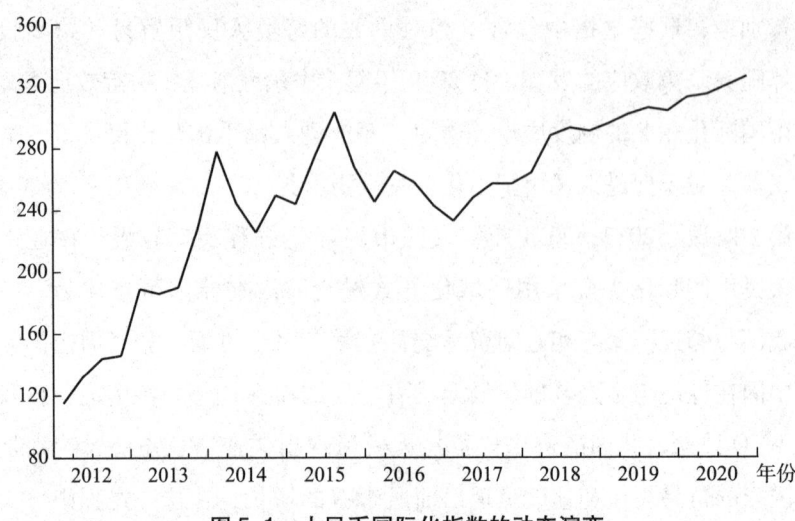

图 5.1　人民币国际化指数的动态演变

伴随着人民币国际化进程的不断推进，其所面临的新形势值得重视。一方面，我国经济发展经历了较长时间的高速增长，尽管受到重大突发事件的冲击（如新冠疫情、中美贸易摩擦），我国经济增长韧度依然较强，这无疑为人民币国际化提供了有力支撑。特别地，面对国内国际环境的日益变化，同时为提高人民币的竞争力以及塑造金融体系的新发展格局，我国政府积极构建国内国际双循环联动的新发展格局。然而，需要指出的是，目前我国经济发展形势也正处于百年未有之大变局，在这一形势下，我国决策部门积极推动更高水平的开放，特别是在更高层次上实现我国经济和金融的高水平开放，这无疑有利于实现我国与全球经济的深层次合作，我国与多边经济与贸易的深层次融合，不仅能够在较大程度上应对非预期外部冲击，而且能为推动我国经济的高质量持续发展及人民币国际化贡献动力。另一方面，近年来，美国政府赤字化不断加剧，而过高的政府债务水平不仅会削弱美元作为最重要的储备资产的价值，还会给未来的美国经济带来一定的不利影响。与此同时，自 2019 年以来，美元汇率进入弱势局面，不利于维持其货币的国际地位。在这种新形势下，总结人民币国际化经验对于进一步增强人民币资产国际吸引力以及吸引境外投资者增持人民币资产，进而提升人民币国际地位具有重要意义。习近平总书记在 2020 年 8 月 23 日召开的经济领域专家座谈会和 9 月 1 日召开的中央全面深化改革委员会第十五次会议上指出,当今世界正经历百年未有之大变局,新冠疫情全球大流行进一步加速该变局的演化,同时,全球化遭遇逆流,单边主义、保护主义抬头。进一步而言,我国国内发展环境也发生了深刻变化,特别是社会矛盾已经转化为人民日益增长的美好生活需要和不平衡不充分发展之间的矛盾,经济发展的结构性问题逐渐凸显。

从表5.1中可以看出,在本书所涉及的关键经济和金融变量中,人民币国际化的标准差相对较大,隐含着人民币国际化的波动幅度更大,这也与人民币国际化现实发展历程相吻合。相较而言,数字人民币(M0增速)的标准差仅为2.981,是本书中涉及的所有变量中的最小标准差,表明我国数字人民币呈现出非常稳定的渐进变化态势,这与我国数字人民币的发展现实特征相吻合。需要指出的是,汇率预期和息差的标准差相接近,进一步体现了息差和汇率预期之间呈一致的联动态势,也体现了息差在一定程度上会对预期产生较为明显的影响。对于通货膨胀和产出缺口而言,其标准差分别为3.037和3.133,二者波动率极为相似,也在一定程度上隐含着我国经济增长和物价的变动整体符合经济周期的演化特征。需要指出的是,从偏度的估计结果可以看出,数字人民币、汇率预期和产出缺口的偏度均大于0,表明数字人民币、汇率预期和产出缺口均服从右偏分布。相反,人民币国际化、中美息差和通胀缺口差变量的偏度均小于0,表明人民币国际化、中美息差和通胀缺口差均服从左偏分布。

表5.1 描述性统计结果

变量	平均值	最大值	最小值	标准差	偏度	峰度	J-B值
$M0$	6.634	11.530	1.866	2.981	0.106	1.734	2.471
RII	251.216	326.442	115.000	55.324	-0.897	3.069	4.839*
NDF	1.900	2.060	1.812	4.070	0.949	2.734	20.365***
ID	0.898	6.340	-3.690	4.302	-0.681	2.396	12.308***
CPI	0.008	0.085	-0.068	3.037	-0.154	1.925	6.928**
GDP	-0.001	0.150	-0.135	3.133	0.114	8.689	175.644***

注:J-B是用来描述变量是否服从正态分布,原假设是变量服从正态分布;***、**、*分别表示1%、5%和10%的显著性水平。

5.2.2.1 平稳性检验

在计量经济学中,如果变量之间具有相同的时间趋势,即使二者之间缺乏必要的经济学关联,但由于在数据上存在时间趋势上的相关性,在回归统计分析中依然会出现潜在的相关性,并由此出现虚假回归,从而导致参数结果缺乏有效性,并导致分析结果不具有可靠性。同时,还需要指出的是,如果变量不具有平稳性特征,也会导致变量之间很有可能存在潜在的内生性问题,由此会进一步导致结果不具有有效性。鉴于此,为了避免变量非平稳而导致统计结果的虚假,本章将对变量的平稳性进行检验。需要指出的是,在对变量的平稳性进行检验时,现有研究主要采用 ADF、PP 和 KPSS 等单位根检验方法。然而,ADF、PP 和 KPSS 等方法并没有考虑到变量中是否存在"突变"的特征,换言之,ADF、PP 和 KPSS 等方法无法捕捉变量受外部冲击时所形成的结构突变,因而很有可能无法准确刻画变量的动态演化特征。因此,为了保证检验结果的有效性,本章将联合运用多种计量方法对变量的平稳性特征进行刻画。

表 5.2 显示了基于传统单位根检验方法得出的变量稳定性检验结果,不难发现,数字人民币(MO)、汇率预期(NDF)、中美息差(ID)、中美通胀差(CPI)和产出缺口差(GDP)的原序列在经过 ADF 与 PP 检验时,均在一定的显著性水平上拒绝了存在单位根的原假设,认为这些变量是平稳的,而经过 KPSS 检验时,均接受了"序列是平稳的"的原假设。同时,经过一阶差分后,检验结果也得出了相同的结论,认为上述序列均服从于 $I(0)$。而人民币国际化(RII)的原序列在经过 ADF 检验时,均无法在既定的显著性水平下拒绝"序列为非平稳"的原假设,同时在采用 KPSS 方法进行检验时,发现人民币国际化具有非平稳特征,且该结果在 1% 的显著性水平下显著。需要指出的是,上述结果是在原值的情形下进行的平稳性检验,而经过一阶差分后,再次采用 ADF、PP 和 KPSS 方法进行检验后,我们发现所有变量的一阶差分值均呈现出平稳特征,也即随着时间的演化,上述变量呈现出收敛特征,表明本书所选择的变量均服从 $I(1)$ 特征。

表5.2 传统线性单位根检验结果(含截距项)

变量	原始值			一阶差分值		
	ADF	PP	KPSS	ADF	PP	KPSS
M0	-1.432(11)**	-12.727[7]***	0.053[8]	-13.983(2)***	-38.381[6]***	0.057[8]
RII	-0.596(0)	-1.164[6]	1.671[11]***	-13.908(0)***	-13.902[9]***	0.134[6]
NDF	-4.826(3)***	-2.447[8]	0.211[10]	-5.536(2)***	-14.167[8]***	0.076[8]
ID	-3.109(5)***	-3.382[7]**	0.145[10]	-5.560(2)***	-13.343[8]***	0.052[6]
CPI	-5.604(6)***	-3.669[7]***	0.242[10]	-21.459(0)***	-20.032[7]***	0.120[3]
GDP	-2.369(0)**	-3.904[5]***	0.510[10]	-10.265(3)***	-26.740[6]***	0.249[10]

注：***、**分别代表1%、5%的显著性水平，小括号中的数字表示滞后阶数(lag-order)，中括号中的数字表示窗宽(bandwidth)，ADF、PP的原假设是序列存在一个单位根，而KPSS的原假设为序列是平稳的。

正如前文所述，高频变化的经济和金融变量遇到政策突然变化、重大突发事件和非预期外部冲击时，可能会呈现出突然变化的情形，由此会导致变量出现明显的结构性变化，并由此形成"突变点"。然而，由于传统的单位根检验方法(ADF、PP和KPSS)无法较好地捕捉结构突变点，可能会由于忽略突变点的存在而导致其平稳性无法准确刻画。鉴于此，本章借鉴司登奎(2016)的研究，采用能够刻画异质特征形式的突变点方法对本书的变量的平稳性特征进行描述，其具体检验结果如表5.3所示。

表5.3 含结构突变与平滑渐变点的单位根检验结果

变量	M0	RII	NDF	ID	CPI	GDP
模型设定	(C, T)	(C, T)	(C, T)	(C, T)	(C, T)	(C, T)
Bartlett's 球形检验	0.078***	0.054**	0.128*	0.052*	0.040	0.052
CV 90%	0.036	0.039	0.115	0.049	0.049	0.058
CV 95%	0.042	0.045	0.147	0.059	0.057	0.071
CV 99%	0.054	0.059	0.231	0.083	0.079	0.100
突变点(f)	3	5	4	4	5	4
渐变点(s)	1	5	3	2	5	4
F统计值	17.379***	240.810***	16.855***	13.050***	9.839***	8.084***

续表

变量 模型设定	M0 (C, T)	RII (C, T)	NDF (C, T)	ID (C, T)	CPI (C, T)	GDP (C, T)
CV 90%	1.893	2.377	2.144	2.936	2.174	2.235
CV 95%	2.158	3.233	3.341	3.404	2.494	2.810
CV 99%	2.908	4.075	4.387	4.511	2.679	3.906

注：***、**、*分别表示1%、5%、10%的显著性水平。

从表5.3中平滑渐变点检验结果可以发现，数字人民币含有3个结构突变点，人民币国际化和中美通胀差均含有5个结构突变点，汇率预期、中美息差和产出缺口差则均含有4个突变点。而从平滑渐变点的检验结果来看，数字人民币含有1个平滑渐变点，人民币国际化和中美通胀差均含有5个平滑渐变点，中美息差、人民币汇率预期和产出缺口差则分别包括2个、3个、4个平滑渐变点(smooth breaks)。需要指出的是，无论是从结构突变点抑或平滑渐变点的情况来看，本章所选择的时间序列变量均包含特定的结构突变点，因此采用能够捕捉突变点的单位根方法对变量的平稳性特征进行刻画具有较高的有效性。此外，从 Bartlett 统计量的检验结果可以看出，数字人民币增速、人民币国际化和人民币汇率预期的统计量均显著，这意味着数字人民币增速、人民币国际化和人民币汇率预期并不具有平稳的特征，也即这些变量为非平稳序列。然而，对于其他变量而言，由于中美通胀差和产出缺口差的 Bartlett 统计量无法通过既定的显著性水平检验，这意味着中美通胀差和产出缺口差呈现出平稳性变化特征，也即中美通胀差和产出缺口差为平稳性变量。此外，还需指出的是，由于能够捕捉变量非线性变化的 F 统计量统计显著，隐含着本书所选择的所有变量均呈非线性的变化特征，这也为后文采用非线性时间序列方法提供了良好的经验证据。

5.2.2.2 格兰杰因果关系检验

在对变量的平稳性特征进行检验后，本章将进一步对变量之间的因果关系进行刻画。在刻画变量之间的因果关系时，本章基于 VAR 模型分析框架，首先依据 SIC 准则对变量之间的最佳滞后期进行刻画，然后依据最小信息准则下的统计量来刻画数字人民币和人民币国际化之间的因果关系。需要指出的是，考虑到所选研究样本的时限，并最大限度地利用本书的样本数量，因此，借鉴 Toda 和 Phillips(1993，1994)的研究，将变量的滞后期设置为 1~4 期，并分别对其中的因果关系进行检验，以期获得最小的信息准则以实现模型结果的最优化。表 5.4 显示了不同滞后期下数字人民币和人民币国际化之间的因果关系。从相应的统计量及其伴随概率可以发现，当滞后期为 4 时，"数字人民币不是人民币国际化的格兰杰原因"被显著拒绝，换言之，当滞后期为 4 时，由数字人民币、人民币国际化及其相关变量所构成的 VAR 系统印证了"数字人民币是人民币国际化的格兰杰原因"的结论成立。

表 5.4　格兰杰因果检验

滞后期	原假设	chi2	P 值	判断
1	M0 不是 RII 的 Granger 原因	0.71	0.4002	不能拒绝原假设
	RII 不是 M0 的 Granger 原因	3.16	0.0755	拒绝原假设
2	M0 不是 RII 的 Granger 原因	0.27	0.8730	不能拒绝原假设
	RII 不是 M0 的 Granger 原因	10.49	0.0053	拒绝原假设
3	M0 不是 RII 的 Granger 原因	1.27	0.7367	不能拒绝原假设
	RII 不是 M0 的 Granger 原因	40.64	0.0000	拒绝原假设
4	M0 不是 RII 的 Granger 原因	8.69	0.0692	拒绝原假设
	RII 不是 M0 的 Granger 原因	5.72	0.2207	不能拒绝原假设

5.2.2.3　数字人民币和人民币国际化的边限协整关系检验

正如前文所述，在本章所选择的变量中，由于部分变量原值平稳，也有部分变量服从一阶单整，这隐含着变量之间的关系在短期内存在误差，但在长期内是否具有均衡关系需要进一步印证。特别地，若不同变量之间的长期关系能够在一定水平上实现平衡，则认为本书所关注的核心变量数字人民币和人民币国际化之间具有协整关系。目前，学界较多基于 VAR 系统对变量之间的长期均衡关系进行刻画。然而，由于 VAR 系统的协整关系对系统内变量要求同阶单整，在本书的协整分析中无法得到应用。在这一状况下，本书借鉴 Persaran 等(2001)的研究，采用基于自回归分布滞后模型对不同单整变量之间的协整关系进行刻画。需要指出的是，基于自回归分布滞后模型所刻画的边限协整和传统协整关系存在本质上的不同，特别地，传统的协整方法要求变量服从同阶单整，而边限协整方法则不对变量的关系作强制性要求。还需指出的是，从中国的发展现实来看，由于数字人民币发展历程较短，本书的研究样本并不属于大样本。为此，本章采用基于误差修正的自回归分布滞后模型对数字人民币和人民币国际化的长期关系进行刻画，具体形式如下：

$$\Delta \ln Y_t = \alpha_0 + \sum_{i=1}^{d}\alpha_{1i}\Delta \ln Y_{t-i} + \sum_{i=0}^{d}\alpha_{2i}\Delta \ln X_{t-i} + \alpha_3 \ln Y_{t-1} + \alpha_4 \ln X_{t-1} + \varepsilon_t \tag{5.1}$$

其中，$\ln Y_{t-1}$ 和 $\ln X_{t-1}$ 为短期失衡的调整速度，也即从短期失衡向长期均衡调整的快慢程度。具体而言，误差修正项的原假设为：

$$\begin{cases} H_0: \alpha_3 = \alpha_4 = 0 \\ H_1: \alpha_3 \neq 0, \alpha_4 \neq 0 \end{cases}$$

若联合检验统计量 $F_Y(Y\mid X)$ 超过显著性水平所对应的临界值时，隐含着变量之间存在长期均衡的协整关系；相反，若联合检验的统计量低于显著性水平所对应的临界值时，则意味着变量之间不具有长期均衡的协整关系。具体而言，本章采用如下方程刻画数字人民币和人民币国际化之间的长期均衡关系，形式具体为：

$$\Delta RII_t = \sum_{i=1}^{p} a_{1i}\Delta RII_{t-i} + \sum_{i=0}^{p} a_{2i}\Delta M_{t-i} + \sum_{i=0}^{p} a_{3i}\Delta ID_{t-i} + \sum_{i=0}^{p} a_{4i}\Delta CPI_{t-i} +$$
$$\sum_{i=0}^{p} \Delta GDP_{t-i} + \sum_{i=0}^{p} \Delta NDF_{t-i} + b_1 RII_{t-1} + b_2 M_{t-1} + b_3 ID_{t-1} + b_4 CPI_{t-1} +$$
$$b_5 GDP_{t-1} + b_6 NDF_{t-1} + \varepsilon_t \tag{5.2}$$

其中，ΔRII_t 表示人民币国际化的差分值，ΔRII_{t-i} 表示人民币国际化差分后的滞后 i 期，ΔM_{t-i} 表示数字人民币差分值的滞后 i 期，ΔID_{t-i} 表示息差后的滞后 i 期，ΔGDP_{t-i} 表示产出缺口差分后的滞后 i 期，ΔNDF_{t-i} 表示汇率预期的差分值的滞后 i 期，ε_t 为扰动项。需要指出的是，在对式(5.2)进行估计时，本章采用传统最小二乘法进行参数估计，并在参数估计的基础上，进一步对边限协整的统计量进行估计。同时，我们还采用Bootstrap方法对边限协整统计量在95%置信区间的上限和下限进行模拟，具体结果如表5.5所示。

表5.5 边限协整检验结果

滞后阶数(p)	F统计量	下界限I(0)	上界限I(1)
4	18.44**	3.07	4.19

注：**表示5%的显著性水平。

从表5.5中不难发现，在对上述基于误差修正的自回归分布滞后模型进行估计后，我们得到所有变量的最佳滞后期为4，同时其F统计量为18.44，依据Bootstrap自抽样方法对95%置信区间的上界限和下界限进行模拟后发现，边限协整统计量F的上界限为4.19，下界限为3.07，由于F统计量大于上界限，隐含着本书所选择的核心变量数字人民币和人民币国际化及其控制变量之间存在长期均衡的协整关系。也即当受到外部冲击时，数字人民币与人民币国际化、中美息差、中美通胀缺口差、产出缺口差与汇率预期之间能够自动恢复至稳定的均衡系统，并进而表现为长期均衡的协整关系。

5.2.2.4 非对称性模型构建与分析

需要重点提及的是，在不同的经济环境下，数字人民币对人民币国际化的影响可能显著不同。特别地，数字人民币对人民币国际化的影响可能依赖于其他环境变量而对人民币国际化的影响呈现出非对称性特征。鉴于此，本章进一步采用非线性平滑转换模型（STAR）对数字人民币和人民币国际化之间的关系进行刻画。具体而言，我们将非线性平滑转换计量模型阐释如下：

$$RII_t = (\alpha_0 + \sum_{i=1}^{p_1} \alpha_1 RII_{t-i} + \sum_{i=0}^{p_2} \beta_i x_{t-i}) +$$

$$(\rho'_1 + \sum_{i=1}^{p_1} \pi_i x'_i RII_{t-i} + \sum_{i=0}^{p_2} \vartheta_i x_{t-i}) \times F(z_{t-d}, \tau, k) + \mu_t \quad (5.3)$$

其中，μ_t是零均值白噪声过程；$F(z_{t-d}, \tau, k)$为转换函数，$x = (ID,$

CPI，GDP，NDF）。需要指出的是，在 STAR 模型中，由于其转换函数形式的不同，本章还进一步将平滑转换模型分为逻辑型（LSTAR）和指数型（ESTAR）。其形式分别如下：

$$F(y_{t-d}) = \frac{1}{1+\exp(-\gamma(z_{t-d}-c))} \qquad (5.4)$$

$$F(y_{t-d}) = 1-\exp(-\gamma(z_{t-d}-c)^2) \qquad (5.5)$$

还需要指出的是，在式（5.3）中，μ_t 表示外生扰动冲击，其方差和协方差矩阵可进一步表示为：

$$A_t \Omega_t A'_t = \sum\nolimits_t \sum\nolimits'_t \qquad (5.6)$$

进一步对式（5.6）进行变形，并对 Ω_t 进行求解，可进一步将其表示为：

$$\Omega_t = A_t^{-1} \sum\nolimits_t \sum\nolimits'_t (A_t^{-1})' \qquad (5.7)$$

其中，A_t 为低维三角阵，且可表示为：

$$A_t = \begin{bmatrix} 1 & 0 & \cdots & 0 \\ \alpha_{21,t} & 1 & \ddots & \vdots \\ \vdots & \ddots & \ddots & 0 \\ a_{n1,t} & \cdots & a_{n(n-1),t} & 1 \end{bmatrix} \qquad (5.8)$$

且 $\sum\nolimits_t$ 为对角矩阵，具体如下：

$$\sum\nolimits_t = \begin{bmatrix} \sigma_{1,t} & 0 & \cdots & 0 \\ 0 & \sigma_{2,t} & \ddots & \vdots \\ \vdots & \ddots & \ddots & 0 \\ 0 & \cdots & 0 & \sigma \end{bmatrix} \qquad (5.9)$$

因此，我们可将式（5.9）表示为：

$$ER_t = (\alpha_0 + \sum_{i=1}^{p_1} \alpha_1 ER_{t-i} + \sum_{i=0}^{p_2} \beta_i x_{t-i}) +$$

$$(\rho'_1 + \sum_{i=1}^{p_1} \pi_i x'_i ER_{t-i} + \sum_{i=0}^{p_2} \vartheta_i x_{t-i}) \times F(z_{t-d}, \tau, k) + A_t^{-1} \sum\nolimits_t \varepsilon_t$$

$$(5.10)$$

同时，我们可对式(5.10)中的所有系数进行叠加，并重新表示成矩阵的形式，具体如下：

$$ER_t = X'\alpha_t + X'\beta_t f(\cdot) + A_t^{-1} \sum_t \varepsilon_t \quad (5.11)$$

其中，$X' = I_n \otimes [1, ER'_{t-1}, \cdots, ER'_{t-p}, X'_t, \cdots, X'_{t-p}]$，且 $\otimes$ 表示克罗内克积。

接下来，我们进一步设定模型中参数的变动法则，设定 α_t 与 β_t 服从随机游走，$\sum_t$ 为随机波动，且服从随机游走特征。此外，本章设定模型所包含的新息(ε_t, v_t, ξ_t, η_t)服从联合正态分布，具体如式(5.12)所示：

$$\begin{pmatrix} \varepsilon_t \\ v_t \\ \xi_t \\ \eta_t \end{pmatrix} \sim N\left(0, \begin{pmatrix} I & 0 & 0 & 0 \\ 0 & \sum_\beta & 0 & 0 \\ 0 & 0 & \sum_\alpha & 0 \\ 0 & 0 & 0 & \sum_\sigma \end{pmatrix}\right) \quad (5.12)$$

同时，我们还可以将其方差联合分布表示为：

$$V = \mathrm{var}\left(\begin{bmatrix} \varepsilon_t \\ v_t \\ \xi_t \\ \eta_t \end{bmatrix}\right) = \begin{bmatrix} I_n & 0 & 0 & 0 \\ 0 & Q & 0 & 0 \\ 0 & 0 & S & 0 \\ 0 & 0 & 0 & W \end{bmatrix} \quad (5.13)$$

在对式(5.13)进行参数估计时，本书同样采用最小二乘法(OLS)进行估计。在对式(5.13)进行求解时，进一步将参数分布表示为：

$$\beta_0 \sim N(\hat{\beta}_{OLS}, h\mathrm{var}(\hat{B}_{OLS})) \quad (5.14)$$

我们采用相似的方式获得 A_0 的参数，具体为：

$$\alpha_0 \sim N(\hat{\alpha}_{OLS}, h\mathrm{var}(\hat{A}_{OLS})) \quad (5.15)$$

而对于 $\log\sigma_0$ 而言，其均值的先验分布是先通过 OLS 估计获得标准差，并对其进行对数化处理，且其方差—协方差矩阵可表示为：

$$\log\sigma_0 \sim N(\log\hat{\sigma}_{OLS}, hI_n) \quad (5.16)$$

最后，我们将超参数的先验信息构建如下：

$$Q \sim IW(k_Q^2 \cdot \tau \cdot \mathrm{var}(\dot{\beta}_{OLS}), \tau) \tag{5.17}$$

$$W \sim IG(k_w^2 \cdot (1+\dim(W)) \cdot I_n, (1+\dim(W))) \tag{5.18}$$

$$S_l \sim IW(k_S^2 \cdot (1+\dim(S_l)) \cdot \mathrm{var}(\hat{A}_{1,OLS}), (1+\dim(S_l))) \tag{5.19}$$

借鉴 Cogley 和 Sargent（2001）的做法，本章采用常数与 OLS 参数估计相应方差乘积的形式来刻画特征向量。

依据前文构建的计量模型，本章依次选取息差、通胀差、产出缺口差及汇率预期变动为转换变量。在对转换函数的形式进行检验时，本章依据转换区间所对应的伴随概率来确定其具体的区制。具体而言，当最小的伴随概率对应在逻辑型平滑转换函数时，此时则将非线性平滑转换模型设定为逻辑型平滑转换函数；相反，当最小的伴随概率对应在指数平滑转换模型时，此时模型的形式为非线性指数平滑形式。从表 5.6 中的回归结果可以发现，在选取息差、通胀差、产出缺口差及汇率预期变动为转换变量过程中，最小伴随概率所对应的转换函数形式均为逻辑型平滑转换函数，且最优滞后期为 2，因此本章将转换函数设定为逻辑型平滑转换函数，且最优滞后期为 2。

表 5.6　数字人民币对人民币国际化的非线性效应模型选择结果

	原假设	d=1	d=2	d=3	d=4	d=5	d=6
（一）	H_3	0.489 (0.691)	0.903 (0.442)	1.147 (0.333)	0.464 (0.708)	0.630 (0.597)	0.558 (0.644)
	H_2	0.480 (0.697)	2.886** (0.039)	2.123 (0.101)	1.499 (0.218)	1.595 (0.194)	1.716 (0.168)
	H_1	3.809** (0.011)	1.564 (0.201)	1.297 (0.279)	0.753 (0.523)	0.723 (0.540)	0.366 (0.778)
（二）	H_3	1.682 (0.175)	0.473 (0.702)	0.871 (0.458)	0.309 (0.819)	0.050 (0.985)	0.415 (0.743)
	H_2	3.258** (0.024)	0.214 (0.887)	0.646 (0.587)	1.141 (0.335)	0.793 (0.499)	0.666 (0.575)
	H_1	4.719*** (0.004)	3.921** (0.010)	3.529** (0.017)	3.339** (0.022)	3.583** (0.016)	4.343*** (0.006)

续表

	原假设	d=1	d=2	d=3	d=4	d=5	d=6
(三)	H_3	7.116*** (0.000)	1.909 (0.132)	0.614 (0.607)	3.419** (0.019)	0.327 (0.806)	3.866** (0.011)
	H_2	4.233*** (0.007)	4.371*** (0.006)	3.470** (0.018)	0.655 (0.581)	4.412*** (0.006)	1.413 (0.243)
	H_1	10.957*** (0.000)	7.359*** (0.000)	3.372** (0.021)	6.070*** (0.001)	9.394*** (0.000)	7.992*** (0.000)
(四)	H_3	0.707 (0.549)	1.215 (0.308)	2.126 (0.101)	0.504 (0.680)	0.792 (0.501)	0.775 (0.511)
	H_2	4.364*** (0.006)	1.631 (0.186)	3.756** (0.013)	2.074 (0.107)	1.354 (0.260)	0.603 (0.614)
	H_1	5.315*** (0.002)	2.520* (0.061)	1.755 (0.159)	1.518 (0.213)	2.163* (0.096)	4.869*** (0.003)

注：***、**、*分别表示1%、5%、10%的显著性水平，小括号内数值为相应的伴随概率。(一)(二)(三)(四)分别表示以息差、通胀差、产出缺口差、汇率预期作为转换变量的形式。

为降低参数估计方法对非线性平滑转换模型参数估计结果产生偏误，本章采取非线性最小二乘法(NLLS)对参数进行估计。具体而言，首先对模型采用 OLS 方法进行初步参数估计，然后将初步的结果作为初始值，进一步采用高斯—牛顿(Gauss-Newton)迭代算法对参数的收敛性进行识别，且所识别的最优参数能够使得模型达到最优收敛，此时所对应的模型将具有更高的解释力。特别地，本章采用高斯—牛顿(Gauss-Newton)迭代算法并结合非线性最小二乘法对参数估计的结果进行再估计后的结果如表 5.7 所示。

表 5.7 非线性平滑转换模型参数估计结果

区制	变量	(一)	(二)	(三)	(四)
低区制	常数项	0.054*	0.035	0.029	-0.062*
	$M0(-1)$	0.989***	1.354***	1.321***	1.183***
	$M0(-2)$	-0.017	-0.373**	-0.338***	-0.152*
	$ID(-1)$	-0.002**	-0.001	0.001	-0.001
	$ID(-2)$	-0.001	0.001	0.001	0.001*
	$CPI(-1)$	0.110*	-0.069**	-0.065	-0.022
	$CPI(-2)$	-0.066	0.033*	-0.015	0.085*

续表

区制	变量	（一）	（二）	（三）	（四）
低区制	$GDP(-1)$	-0.014	-0.004	-0.001	-0.014*
	$GDP(-2)$	-0.006	0.005	-0.007	0.003
	$NDF(-1)$	0.162***	-0.014	0.039*	0.147***
	$NDF(-2)$	-0.037*	-0.018	-0.029	-0.005
高区制	常数项	-0.038	0.094	-0.271**	1.484***
	$M0(-1)\_N$	1.086*	-0.608**	-0.803***	0.402***
	$M0(-2)\_N$	-1.068*	0.561**	0.967***	-0.489***
	$ID(-1)\_N$	0.003	-0.001	0.001	-0.020***
	$ID(-2)\_N$	-0.001	0.002	-0.001	-0.003
	$CPI(-1)\_N$	-0.176	0.110	-0.070	1.765*
	$CPI(-2)\_N$	0.143	-0.039	-0.153	-1.937**
	$GDP(-1)\_N$	0.007	-0.005	-0.030	0.129
	$GDP(-2)\_N$	0.013	-0.007	0.008	-0.297*
	$NDF(-1)\_N$	-0.234**	0.245***	0.330**	-0.157*
	$NDF(-2)\_N$	0.071	0.031	-0.007	-0.209*
转换参数	γ	81.312	97.367	120.945	10.411
	C	0.029	1.145	0.045	-0.023

注：***、**、* 分别表示1%、5%和10%的显著性水平；_N表示模型的非线性部分；（一）（二）（三）（四）分别表示选取中美息差、通胀差、产出缺口差和汇率预期作为转换变量的计量模型的形式。

从表5.7中可以看出，数字人民币对人民币国际化的影响受中美息差、通胀差、产出缺口差及汇率预期作为转换变量时所形成的区制异质性影响，同时，从图5.2中也可以发现，数字人民币对人民币国际化的影响并非一成不变，而是具有显著的非线性区制异质性特征。具体而言，首先，当选取息差作为转换变量且在低区制时，数字人民币对人民币国际化的影响系数为0.989，且在1%的水平上显著，而在高区制环境下，数字人民币对人民币国际化的影响系数为0.018（1.086-1.068），且在10%的水平上显著为正。由此可知，数字人民币对人民币国际化的影响在低区制（即息差小于0.029）中相对较大，而且无论是在低区制抑或在高区制中，数字人民币对人民币国际化的影响系数均显著为正，表明当中国的货币政策相对美国货币政策紧缩时，数字人民币对人民币国际化的影响相对较小，这一结果符合经济学直觉，特别地，当货币政策相对紧缩时，市场中的流动性会相对减少，由此对人民币国际化的边际影响也相对较小。

其次，从通胀差作为转换变量的回归结果来看，当通胀差小于1.145时，也即在通胀的低区制环境中，数字人民币对人民币国际化的影响系数为0.981(1.354-0.373)，且通过了1%的显著性水平检验，表明数字人民币的发展倾向于助推人民币国际化。需要指出的是，在低区制环境下，数字人民币对人民币国际化的助推效用在短期内相对较大(系数为1.354)，而在长期内则不利于人民币国际化的推进(-0.373)。从通胀的高区制来看，数字人民币对人民币国际化的影响系数显著且为-0.047(0.561-0.608)，表明当中国经历较高的通胀时，数字人民币增加不仅不利于人民币国际化的有序推进，反而会抑制人民币国际化。该结论符合经济学直觉，当经济体呈现出较高的通胀时，会加剧资本的快速流出，在这一环境下，数字人民币的增加不仅无法促进人民币国际化，反而会在一定程度上抑制人民币国际化。此外，在低区制和高区制环境中，数字人民币对人民币国际化的影响不尽一致，体现了数字人民币对人民币国际化的影响具有显著的非对称性及区制异质性特征。

再次，从产出缺口差作为转换变量的回归结果可以看出，当产出缺口差小于0.045时，也即在产出缺口的低区制环境中，数字人民币对人民币国际化的影响系数显著且为0.983(1.321-0.338)，表明相对于美国而言，当中国的经济增速处于相对稳定的增长状态时，数字人民币能够显著促进人民币国际化。需要指出的是，在产出的低区制环境下，数字人民币滞后1期对人民币国际化的影响系数显著且为1.321，滞后2期的系数显著且为-0.338，进一步体现了在产出的低区制环境下，数字人民币对人民币国际化的影响主要体现在短期，而在长期内则倾向于抑制人民币国际化，但其抑制效应小于短期的促进效应，因而使得数字人民币对人民币国际化的影响在低区制中有助于促进人民币国际化。同时，从产出的高区制来看，数字人民币对人民币国际化的影响系数显著且为0.164(0.967-0.803)，隐

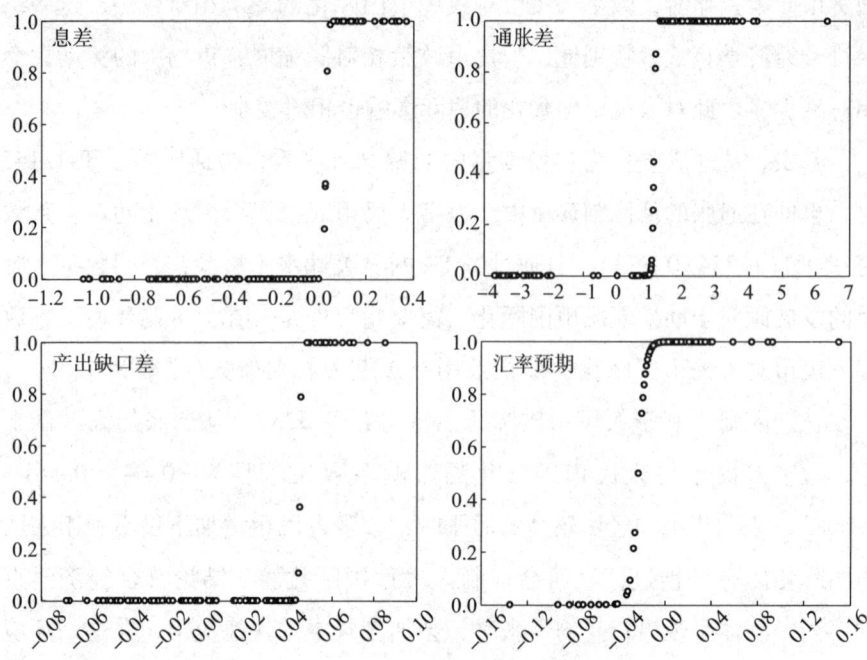

图5.2 不同区制环境下的转换函数散点图

含着在产出缺口的高区制环境下，数字人民币的发展能够显著促进人民币国际化进程的特征。进一步结合低区制和高区制的变化情况来看，在产出缺口的异质性区制环境下，数字人民币对人民币国际化的影响在低区制环境下相对较大，而且其影响作用主要体现在短期。因此，在产出缺口的异质性环境下，数字人民币对人民币国际化的影响具有明显的区制异质性和期限结构特征。

最后，当选择人民币汇率预期作为转换变量时，从表5.7的非线性回归结果中可以发现，当人民币汇率预期处于低区制（即汇率预期变动值小于-0.023）时，数字人民币对人民币国际化的影响显著且为1.031(1.183-0.152)，表明在人民币汇率升值预期环境下（小于-0.023），数字人民币对人民币国际化的影响具有显著的促进作用。而且在汇率预期的低区制的情形下，数字人民币对人民币国际化的影响主要体现在短期（系数为1.183），而在长期内，数字人民币对人民币国际化的影响系数显著为负（-0.152），隐含着当汇率预期处于持续升值预期的环境下,数字人民币对人民币国际化的影响具有显著的抑制作用。进一步从汇率预期的高区制来看,当人民币汇率预期呈现小幅升值(0~−0.027)及贬值预期时(大于0),数字人民币对人民币国际化的短期影响系数为0.402,且在1%的水平上显著为正,当数字人民币滞后2期时,数字人民币对人民币国际化的影响系数为−0.489,且在1%的水平上显著,隐含着当人民币汇率预期呈现小幅升值或贬值趋势时,数字人民币的过度发展可能会在一定程度上抑制人民币国际化的进程。特别地,结合汇率预期在不同区制环境下的情形,我们可以发现,数字人民币对人民币国际化的影响显著相异,而且数字人民币对人民币国际化的助推效应在短期内相对明显,且在低区制环境下相对较大。这也进一步体现了数字人民币对人民币国际化的影响具有显著的异质性特征。

5.2.2.5 时变关系检验

为进一步从动态演化视角考察数字人民币对人民币国际化的影响,本章进一步采用TVP-SV-BVAR模型,分别从不同时点和不同时期捕捉数字人民币对人民币国际化的影响特征。特别地,TVP-SV-BVAR模型允许波动率矩阵随时间而变化,因而能够刻画变量之间的关系所呈现的动态效应。需要指出的是,在参数估计上,本章借鉴司登奎等(2018)的研究,采用贝叶斯多步移动Gibbs抽样方法进行11000次抽样,并将前1000次的估计值进行预烧(burn-in)舍掉,避免异常值对参数估计的影响。表5.8和图5.3显示了TVP-SV-BVAR模型的参数估计结果。从图5.3中可以发现,本章所选取的样本取值路径较平稳,且其自相关性明显下降,表明本章所选取的样本的参数具有有效性。进一步从表5.8中也可发现,在对样本进行估计时,本章的CD检验结果表明所有参数均小于1且无效因子大于1,隐含着参数估计结果具有有效性,同时数字人民币、人民币国际化及其控制变量所构成的系统较稳定,这也进一步体现了本章的参数估计结果具有一定的合理性与可靠性。

表5.8 TVP-SV-BVAR 的参数回归结果

参数	后验均值	后验标准差	95%置信区间	CD检验	无效因子
$(\Sigma_\beta)_1$	0.023	0.003	[0.019, 0.030]	0.624	7.110
$(\Sigma_\beta)_2$	0.023	0.003	[0.018, 0.029]	0.374	7.370
$(\Sigma_\alpha)_1$	0.056	0.013	[0.035, 0.086]	0.513	3.700
$(\Sigma_\alpha)_2$	0.040	0.007	[0.028, 0.057]	0.226	7.010
$(\Sigma_h)_1$	0.263	0.146	[0.083, 0.597]	0.001	11.140
$(\Sigma_h)_2$	0.172	0.117	[0.056, 0.539]	0.850	34.970

注：α，β，$h(i, j, k=1, 2, 3)$分别表示$\Sigma\alpha$、$\Sigma\beta$和Σh的第i，j，k个对角元素，并且$\Sigma\alpha$和$\Sigma\beta$的估计值和标准差都乘以100。CD检验为Geweke(1992)提出的收敛性检验(Convergence Diagnostics)，其原假设为参数收敛于后验分布。无效因子是经过11000次MCMC抽样后计算得到的结果，主要用来判断MCMC抽取样本的有效性。

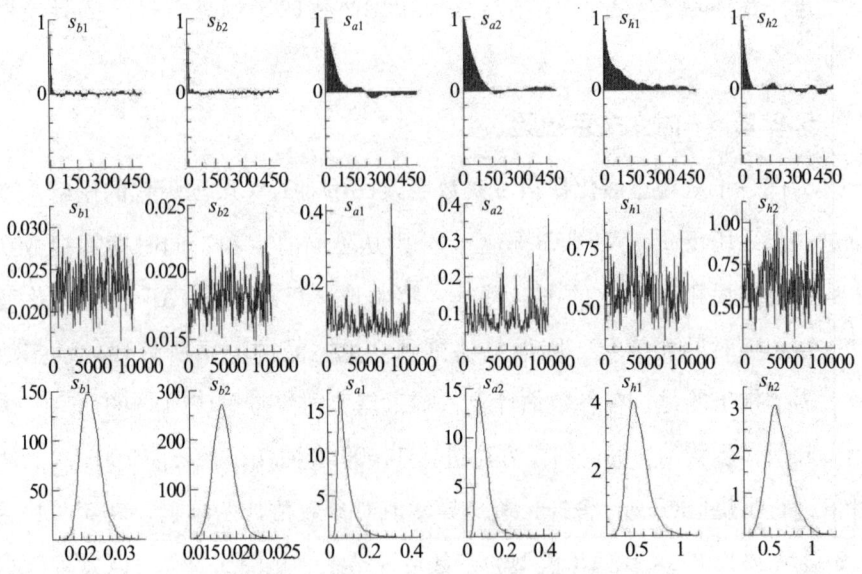

图5.3 TVP-SV-BVAR 参数估计结果

图5.4与图5.5分别显示了不同时点和不同时期下的脉冲响应结果。其中，图5.4为本书随机选择的2014年第二季度的实证分析结果。从时点图中可以发现，对于数字人民币而言，当数字人民币具有一单位正向冲击时，其对人民币国际化的影响在初期为正，并于第2期达到极端值，随后开始下降并于第6期"由正转负"，隐含着数字人民币对人民币国际化的影

响在短期内为正,但该效应并非恒定不变,而且随着时期的不断增加,数字人民币对人民币国际化的影响还有可能转变为负,这与前文基于 STAR 模型所得出的结论相一致。因此,从时变结果来看,数字人民币对人民币国际化的影响在短期内为正,而在长期内则为负,也即数字人民币对人民币国际化的影响在短期内尤为明显。

此外,从控制变量对人民币国际化的影响可以看出,汇率预期和通货膨胀受到正向冲击后,人民币国际化在短期内的响应系数为负,而产出缺口和息差受到正向冲击后对人民币国际化的影响系数则为正。该结果所隐含的经济学含义可概述为,在汇率贬值以及经济处于通胀的情形下,人民币国际化的进程将会受到显著的抑制。相反,当中国的经济处于增长态势以及人民币利率高于美元利率时,人民币国际化将会得到显著的推进。而且需要指出的是,伴随着期限的逐渐增加,所有控制变量对人民币国际化的影响均会发生变化,这也进一步隐含了控制变量对人民币国际化的影响具有显著的期限异质性特征。

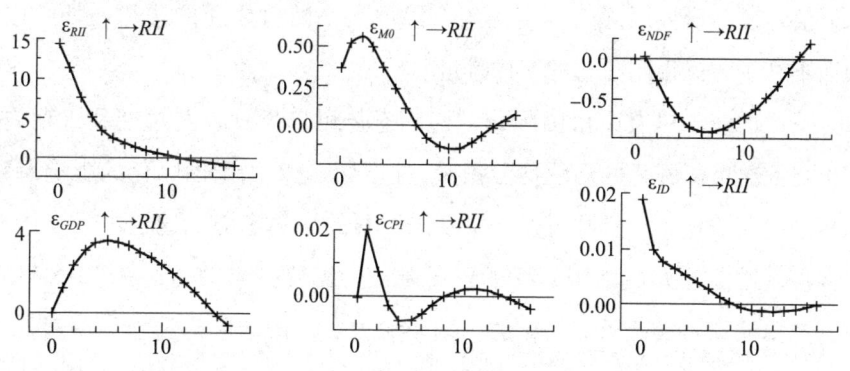

图 5.4 2014 年第二季度不同时点下的脉冲响应

在上述估计结果的基础上,我们进一步利用 TVP-SV-BVAR 模型对数字人民币、人民币国际化和控制变量之间的联动效应进行预测,并设定预测步长为 $h=1,2,3$,从而形成短期、中期和长期下的外生冲击时变脉冲响应函数,结果如图 5.5 所示。从图 5.5 中不难发现,在异质性时期中,脉冲响应的走势基本相似,隐含着本书的研究结论具有一定的稳健性。具体而言，从数字人民币对人民币国际化的影响走势图可以发现，数字人民币对人民币国际化的影响在2012—2013年以及2015—2016年的系数为负，而自2016年以来，数字人民币对人民币国际化的影响明显为正，而且还具有潜在的增大态势。需要指出的是，从不同期限结构的动态演化来看，数字人民币对人民币国际化的影响在短期内相对较大，中期次之，而在长期内则相对较小，这也进一步印证了数字人民币对人民币国际化的影响具有明显的期限异质性，且在短期内的影响相对较大。

进一步地，从控制变量中的汇率预期和通胀对人民币国际化的影响系数来看，汇率预期和通胀缺口对人民币国际化的影响在2016—2018年以及2019—2020年为正，人民币汇率升值以及较低的通胀对人民币国际化的影响系数为正，而在2015年以及2018—2019年，人民币汇率预期对人民币国际化的影响系数则为负，这是因为，2015年人民币汇率实行中间价报价的管理机制，人民币汇率在一定时期内呈现出较大幅度的贬值趋势，而人民币汇率的大幅贬值会引发国际资本的大幅流出，不仅会形成汇率的进一步贬值，还会形成国际资本流出与人民币汇率贬值之间的恶化循环效应，因而不利于人民币国际化的有序推进。

从产出缺口对人民币国际化的影响态势可以发现，在短期和中期内，产出对人民币国际化的影响均为正，而且产出对人民币国际化的影响系数在短期内相对较大，且在近年来呈现出明显的增加态势，这也进一步体现了经济基本面是人民币国际化的重要基础。需要指出的是，在2015年之前，产出缺口对人民币国际化的长期影响为负，该结果符合经济预期，特别地，自2011年我国经济增长步入新常态以来，伴随着经济的结构性调整，经济增速呈现出明显的下降态势，此时人民币国际化进程受到明显的抑制，因此在2012—2015年，产出缺口与人民币国际化之间呈现明显的负相关关系。此外，由于在不同的时期下，产出缺口和息差对人民币国际化的影响不尽一致，因而导致其对人民币国际化的影响具有明显的期限异质性。

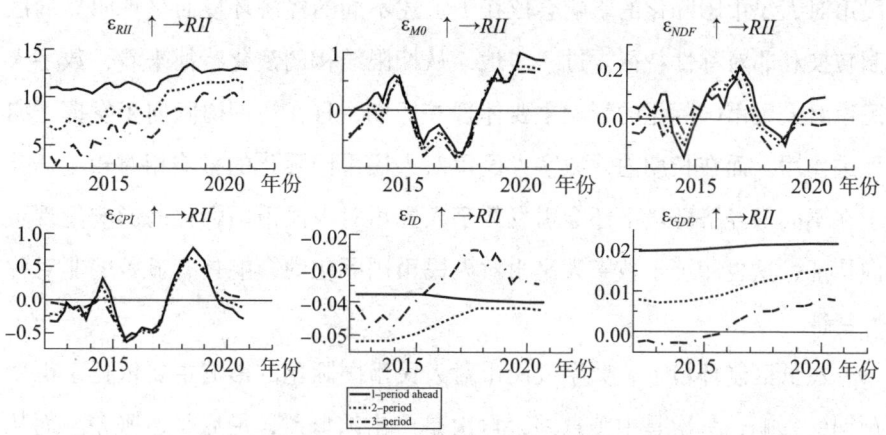

图5.5 不同时期下的脉冲响应

5.3 研究结论与启示

数字人民币能否助推人民币国际化关系到我国金融体系的进一步发展,同时也是经济高质量发展的重要原因之一。为准确刻画数字人民币对人民币国际化的影响,本章基于非线性和非对称性视角刻画了数字人民币对人民币国际化的影响特征。具体而言,本章首先采用能够捕捉结构突变点和平滑渐变点的非线性单位根方法对数字人民币和人民币国际化及其经济基本面相关变量的动态演化特征进行准确刻画。进一步地,为揭示数字人民币和人民币国际化之间的非线性关系,本章相继采用自回归分布滞后边限协整模型(ARDL-ECM Bound test)、平滑转换自回归模型以及时变向量自回归模型实证分析了数字人民币对人民币国际化之间的非线性影响,实证结果和研究结论概述如下:

整体而言,数字人民币的发展能够在一定程度上助推人民币国际化,且数字人民币对人民币国际化的影响并非一成不变,而是在不同的经济基本面环境下,数字人民币对人民币国际化的影响呈现潜在的区制转换和非对称性特征。特别地,在货币政策(息差)、经济增长(产出缺口差)、通货膨胀(通胀差)以及汇率(汇率预期)等作为转换变量的经济环境下,数字人

数字人民币（DC/EP）对人民币国际化的影响
The Impact of Digital Currency Electronic Payment (DC/EP) on Internationalization of RMB

民币对人民币国际化的影响会依托于上述不同的经济环境而呈现明显的区制转换和非对称性特征。进一步地，从期限结构的演化特征来看，数字人民币对人民币国际化的影响主要体现在短期，且在短期内倾向于发挥正向促进作用。而在长期内，数字人民币对人民币国际化的影响相对较小，甚至在不同的经济环境下还会引发数字人民币对人民币国际化的影响呈现负向特征，这也印证了数字人民币对人民币国际化的影响具有显著的非对称性特征。

在低区制环境下，数字人民币对人民币国际化的影响主要依托于汇率预期的影响，其次是中美息差，再次是产出缺口差，最后是通胀差。而从长期来看，数字人民币对人民币国际化的影响主要依托于产出缺口差，其次是汇率预期，再次是通胀，最后是息差。需要特别指出的是，在长期内，数字人民币对人民币国际化的影响在通胀和汇率预期的区制环境中表现为负，体现了在不同的区制环境中，数字人民币对人民币国际化的影响具有显著的区制异质性和期限结构异质性特征。

中国对于数字人民币表现出了良好且积极的态度和行动力。这种对待数字人民币的态度在国际社会中很普遍，具体原因主要为：第一，数字人民币能够突破时间空间的限制，使国际社会连接成一个整体，这让人民币的流通能力大大提高，同时它的小额支付特征及大额可追踪特征也使得支付更加多元化和方便；第二，数字人民币可以减少对交易的保护成本，货币在流通过程中往往由第三方进行监管，这也是适应宏观审慎政策的相关结果；第三，数字人民币可以有更多的货币功能，由于其基于数字网络，相比较而言它更能进行多元化场景支付，进而促进资金流对实体经济的注入。

考虑到数字人民币的优势，有必要展开数字人民币对人民币国际化影响的研究。具体而言，第一，人民币数字化可以推动战略性新兴产业进而推动金融领域的不断发展，这可以提供给人民币国际化一个很好的机会。第二，数字人民币可以减少人们在进行货币交换过程中的烦琐手续和交换成本，尤其是在中美贸易摩擦中所建立的信息壁垒和新冠疫情的广泛蔓延背景之下。同时，在"一带一路"的背景下，人民币数字化的推动可以有力地推进相关国家国际投资者持有人民币，这不仅能提高人民币在国际社会中的认同感和计价职能，而且还能提升全球人民币储备货币量。众所周知，一个国家的储备货币地位在大国竞争和货币国际化中发挥着至关重要的作用。第三，谈及人民币国际化问题，其中不可缺少的便是国际贸易化，那么数字人民币究竟是以何种方式影响国际贸易化进而促进人民币国际化的呢？由于人民币数字化的安全特征，它在国际贸易中会减少各国之间企业的交易流程，加快数字人民币的使用速度，改善人们固有观念，提升人民币在国际上进行交流与合作的地位，从而会加快人民币国际化的进程。

尽管数字人民币对人民币国际化的助推作用非常明显，数字人民币的产生降低了货币发行和流通成本，促进了人民币国际化进程的加快，但是在数字人民币的具体跨境使用中仍存在不小的风险，可谓机遇与挑战并存，总体而言，机遇所带来的好处远远大于挑战所带来的坏处，因此对于数字人民币，要巧妙地加以利用，而且对于其不利方面更要重视和思考。针对数字人民币在人民币国际化进程中的风险问题，得出以下几点思考与启示：

第一，数字人民币具有小额支付的匿名性和惠普性特点，必然会导致许多高风险人群对其加以利用从而导致我国货币的不稳定。针对这一点，要在人民币国际化及保持匿名特点的前提下加强对它的实名制管理，从而详细地掌控所有资金往来人群的风险等级，进而开展不同的现金流和具体权限。

第二，数字人民币由于其独特优势扩大了其使用的目标人群和使用范围，这必然会把商业银行支付和第三方支付挤出货币市场，会在一定程度上阻碍商业银行和第三方的资金往来，这必然会导致相关企业不稳定以及经济的波动。针对上述问题，不仅要完善相关的监督体系，更要加大技术的支撑，要关注相关企业的转型问题，可以为数字人民币和商业银行与第三方支付平台建立一个单独体系，在这一体系中要特别关注与数字人民币相关用户的信息问题，因为大量用户将个人信息注入，势必会对系统造成相当程度的压力，这便需要集中力量提高技术水平且建立强大的数据平台。数字人民币的收款方需要具备受理能力，因此需要加快商户特别是线下商户的受理环境改造。不仅要涉及C2C的零售支付场景，还要涉及B2B等其他场景。

第三，要想推进人民币的国际化，只靠数字人民币是不够的，它仅能起到一定的促进作用，不能触动美元的根基，因此我们要扩大数字人民币在人民币国际化中的应用，使它的流通速度加快。针对这一点，要建立一个以数字人民币为桥梁的通道，发挥联通作用，连接国内国外两个发展点，形成双循环，加快人民币国际化的进程。具体而言，要先建立国内产业的循环，让数字人民币先在国内流通起来，这便涉及如何极大地发挥人民币流通的问题（即如何促进数字人民币在本国内的流通问题）。再依靠我国国内循环的强大活力通过国内外的合作模式，缓缓推进人民币对外币的完全可兑换，从而实现国内国外的双循环，不断促进数字人民币在人民币国际化中所发挥的强大动力。此外，要提高人们对于数字人民币的认识，一种新鲜事物的涌现和大规模的使用是需要一定时间的，提升社会公众对数字人民币的认知程度，同时还需要提升国际上对数字人民币的认可度，从而在一定程度上增强人民币的国际影响力。可以扩大其试点范围，充分调动各地区政府、企业部门、银行业和相关金融机构的积极性。

5.4 本章小结

本章重点从经验分析视角深入探析了数字人民币如何作用于人民币国际化，并重点围绕数字人民币对人民币国际化影响的特征展开多维探讨。特别地，为刻画数字人民币和人民币国际化的动态演化特征，本章采用学术前沿的非线性单位根方法对其动态演化特征进行捕捉。进一步地，为刻画数字和人民币国际化的非线性关系，本章相继采用非线性自回归分布滞后模型、平滑转换自回归模型和包含随机波动的时变向量自回归模型，对数字人民币和人民币国际化之间的短期和长期以及低区制和高区制关系进行刻画。

本章研究结果表明,数字人民币和人民币国际化均呈非线性的动态演化态势,而且数字人民币和人民币国际化易受非预期外部冲击而呈现明显的结构突变。基于非线性计量方法实证研究表明,数字人民币对人民币国际化的影响具有明显的非线性特征和区制转换特征,且在短期和长期内相异。特别地,数字人民币对人民币国际化的影响主要体现在短期,且在短期内倾向于发挥正向促进作用。而在长期内,数字人民币对人民币国际化的影响相对较小,甚至在不同的经济环境下还会引发数字人民币对人民币国际化的影响呈现负向特征,这也印证了数字人民币对人民币国际化的影响具有显著的非对称性特征。

基于本章的研究结果,得到以下三点启示:第一,鉴于数字人民币和人民币国际化易受非预期外部冲击而存在结构突变点,在促进数字人民币和助推人民币国际化的发展进程中,应考虑政策的连续性,避免政策频繁和过度操作对数字人民币和人民币国际化产生不利冲击,进而对于促进数字人民币和人民币国际化的有序发展具有重要作用。第二,由于数字人民币对人民币国际化的影响主要体现在短期,且在短期内倾向于发挥正向促进作用,而在长期内,数字人民币对人民币国际化的影响相对较小,甚至在不同的经济环境下还会引发数字人民币对人民币国际化的影响呈现负向特征,因此,在有序推进人民币国际化的进程中,还需要与其他措施进行协调搭配,并以此避免数字人民币在长期内对人民币国际化产生抑制作用,从而有助于有序推进人民币国际化。第三,考虑到通货膨胀、汇率预期与产出缺口对人民币国际化的影响存在显著的区制异质性,决策部门在促进数字人民币发展过程中,还应考虑数字人民币对经济基本面(包括通胀和产出)的潜在冲击,特别是应避免数字人民币对经济基本面产生不利冲击,进而抑制人民币国际化进程。

6 数字人民币（DC/EP）对人民币国际化影响的应用研究

本章将重点研究数字人民币(DC/EP)的实际应用,侧重于应用中涉及对人民币国际化影响的情况。数字人民币(DC/EP)在国内的首批试点于2019年启动,试点范围为4个城区和1个北京冬奥会场景("4+1"模式),即深圳、苏州、雄安新区、成都和冬奥会会场。

6.1 数字人民币(DC/EP)的应用设计特点

6.1.1 数字人民币(DC/EP)采用中心化管理的双层运营模式

全球的法定数字货币(央行数字货币 CBDC)有两种运营模式:一种是单层运营模式(如图6.2中 DE/CP issuance 模式下的 Single-tier issuance),即中央银行向公众直接提供法定数字货币,也即"央行—社会公众";另一种是双层运营模式(如图6.2中 DE/CP issuance 模式下的 Two-tier issuance),即中央银行向指定运营机构(如商业银行)提供法定数字货币,指定运营机构(如商业银行)再向社会公众提供法定数字货币,也即"央行—指定运营机构(如商业银行)—社会公众"。目前,我国的数字人民币(DC/EP)采用央行进行中心化管理的双层运营模式,第一层未采用区块链的去中心化的分布式管理,而是央行进行中心化的集中管理,并选择具备一定条件的商业银行等作为指定运营机构,但在第二层采用了区块链技术及其他多种技术的综合,由分布式账本技术(DLT)、大数据、加密算法等底层技术驱动,具有可编程①、可溯源、可控匿名等特征,能较好地迎合数字经济时代的交易需求。

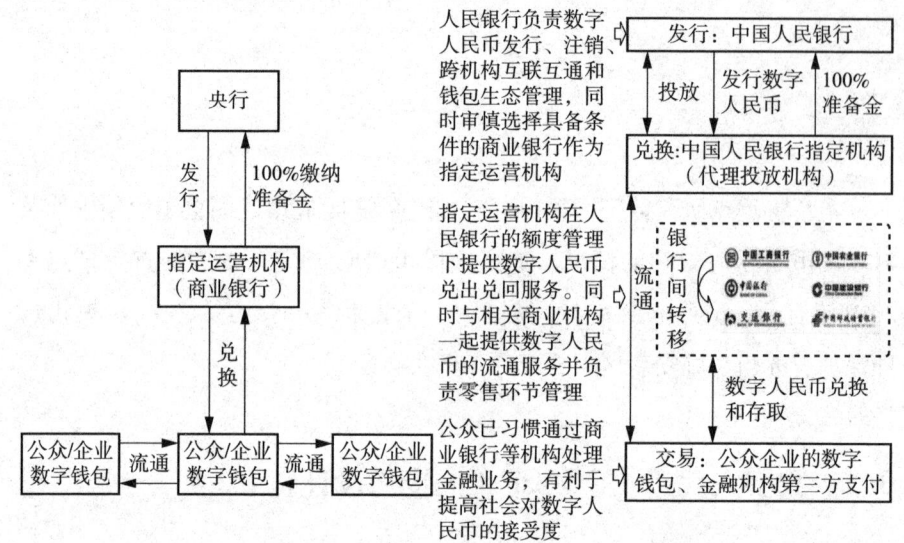

图 6.1　数字人民币(DC/EP)的双层运营模式

资料来源:参考相关资料绘制。

如图 6.1 所示,第一层是央行负责选择具备条件的指定运营机构,承担数字人民币(DC/EP)的发行、注销、钱包生态管理、跨机构互联互通、牵头兑换等业务,对数字人民币的全生命周期进行管理;第二层是指定运营机构(如商业银行)负责数字人民币(DC/EP)的各类钱包(匿名钱包、实名钱包;个人钱包、对公钱包;硬钱包、软钱包;母钱包、子钱包)开立、

---

① 2018 年 1 月,第一财经刊登了央行副行长范一飞的文章《关于央行数字货币的几点考虑》,表示智能合约需要谨慎使用,也存在风险。事实上,数字人民币(DC/EP)的货币职能要求其不能加载超出货币职能本身的智能合约,降低其货币的职能和属性或使其退化为有价票证,从而影响其推动人民币国际化的作用。2019 年 8 月 15 日的中国金融四十人论坛上,央行数字货币研究所所长穆长春表示,数字人民币(DC/EP)可以加载智能合约。2021 年 7 月的《数字人民币研发进展白皮书》,在其"数字人民币(DC/EP)的设计特性"部分,明确表明数字人民币(DC/EP)考虑了其"可编程性",即通过加载不影响数字人民币(DC/EP)货币功能的智能合约达到"可编程性"的功能,从而满足现实经济活动中,交易双方根据业务创新的需要而特别约定的支付条件、规则,进一步增强了数字人民币(DC/EP)对特殊的创新业务的支撑,大大提升了人民币国际化的竞争能力(一方面,直接提升跨境支付的竞争力;另一方面,增强我国国内综合国力,从而提高人民币国际化的实力)。

兑出兑回业务、流通服务、零售管理等。简而言之，第一层负责发行，第二层负责兑换流通。

从现实情况来看，这两方面都决定了数字人民币（DC/EP）采用双层运营模式是最优的选择。

一方面，中国人民银行不具备直接服务社会公众的能力。中国地广人多，央行没有服务覆盖全国及超14亿人口的网点、人员、设备等大量软硬件的能力。央行很难做到既确保数字人民币系统运行的安全、稳定和高效，又能满足使用者的良好体验。同时，若选择单层运营模式，不仅不能分散风险，还会产生数字人民币（DC/EP）导流商业银行存款、引发"银行脱媒"的可能性。采用中心化管理和双层运营模式，不仅可以满足指定运营机构的自身需求，还有利于竞争中充分发挥指定运营机构（如各类商业银行）的人才、技术、创新、服务能力等优势，在竞争中最大限度地激发指定运营机构的潜能，为数字人民币（DC/EP）的技术（路线）迭代、应用场景创新与拓展、支付产品设计创新、数字人民币的（流通）使用推广等起到最大的推动作用，尤其是跨境支付、跨境投资等，可为数字人民币（DC/EP）国际化厚植全球最前沿的技术、服务能力、风险应对能力和积累更多的经验，从而增强数字人民币（DC/EP）成为国际货币的能力、加快人民币国际化的进程。央行的工作重点在于营造公平的竞争环境，通过让更多的指定运营机构参与到市场的竞争中来，以达到"竞争选优"的目的，让数字人民币（DC/EP）的研发、服务能力等都处于全球前沿的地位，始终对未来技术保持敏锐的洞察力和很强的前瞻性。

另一方面，社会公众习惯于去商业银行等指定运营机构办理金融业务。商业银行推广对于数字人民币（DC/EP）的使用具有天然优势。

综上所述，双层运营的设计安排更符合我国的发展现实，能让数字人民币（DC/EP）的运行更加高效。

此外，指定运营机构（如商业银行）获得数字人民币（DC/EP）时，须向中国人民银行缴纳100%的准备金，这就使得中国人民银行不可能超发货币。

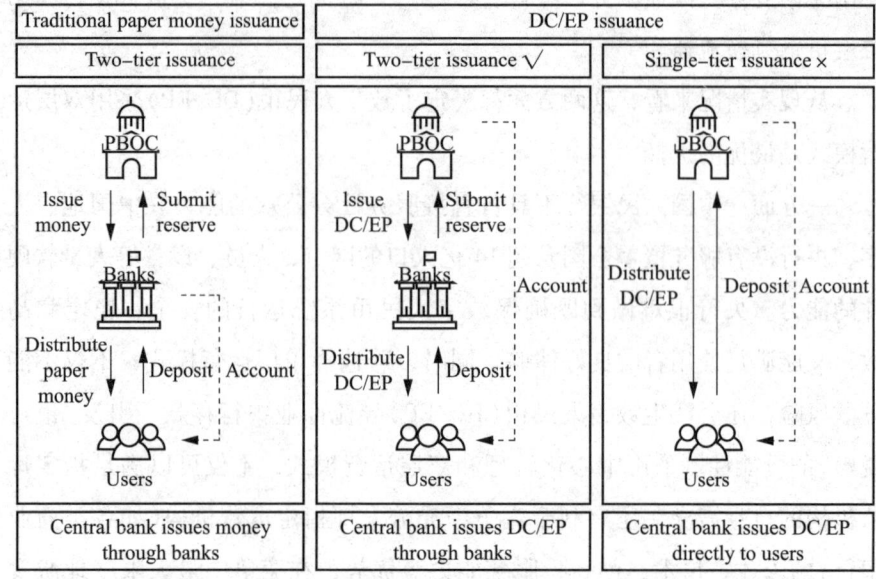

图6.2 数字人民币双层运营模式与传统纸币发行的差异

资料来源：PBOC，Goldman Sachs Global Investment Research，Gao Hua Securities Research。

6.1.2 数字人民币(DC/EP)采用"一币两库三中心"运营技术架构

我国数字人民币(DC/EP)运营的技术架构为"一币两库三中心"[①]，早在2016年姚前发表在《中国金融》杂志上的文章《中国法定数字货币原型构想》中就已经提出。

"一币"：是指数字人民币(DC/EP)。

"两库"：是指数字人民币(DC/EP)的发行库(中央银行)和业务库或银行库(商业银行)。

"三中心"：是指数字人民币(DC/EP)的登记中心、认证中心和大数据分析中心。

姚前(2018)详细阐述了数字人民币(DC/EP)的原型系统总体架构，具

---

① 姚前. 中国法定数字货币原型构想[J]. 中国金融，2016(17)：13-14.

体如图 6.3 所示。

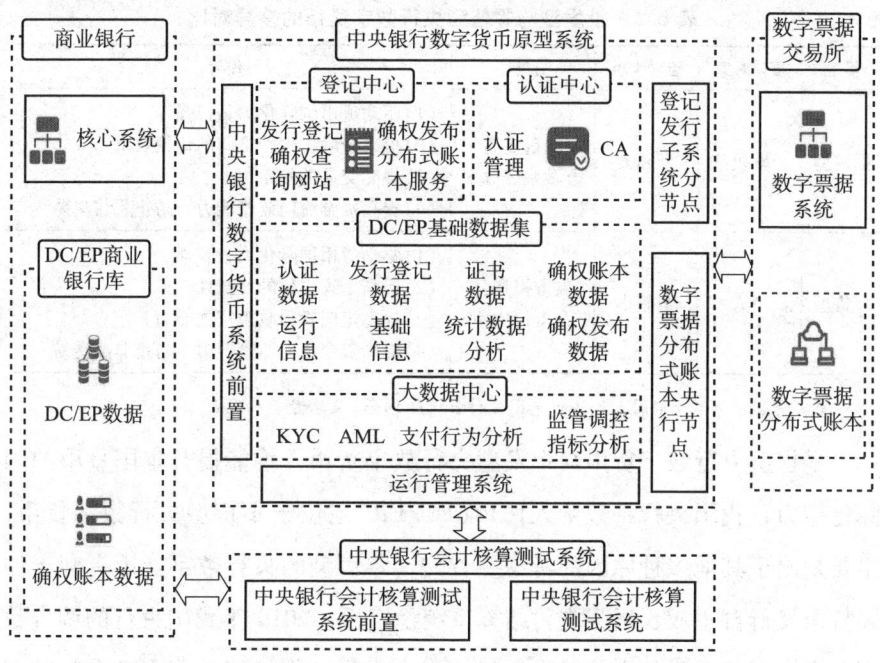

图 6.3　数字人民币(DC/EP)原型系统的总体架构

资料来源：姚前. 中央银行数字货币原型系统实验研究[J]. 软件学报, 2018, 29(9)：2716-2732.

6.1.3　数字人民币(DC/EP)定位于零售型央行数字货币

央行数字货币(CBDC)根据面向的对象和用途的不同，分为两类：一类是面向机构的"批发型央行数字货币"(Wholesale CBDC)；另一类是面向个人的"零售型央行数字货币"(Retail CBDC)。

批发型央行数字货币(Wholesale CBDC)是指中央银行向机构客户(如商业银行)发行的、用于大额结算的央行数字货币。

零售型央行数字货币(Retail CBDC)是指中央银行直接向个人客户发行的，主要用于日常生活、小金额支付的央行数字货币。

批发型央行数字货币与零售型央行数字货币有着较大的差异性，不仅面向的对象和用途不同，更重要的是中央银行所要达到的目标和央行数字货币所能起到的作用有很大的不同，具体差异如表6.1所示。

表6.1 批发型与零售型央行数字货币的差异对比

类型	面向对象	金额大小	目标	作用
批发型	金融机构	金额大	侧重提高金融系统效率	(1)驱动货币国际化力量很强 (2)提高金融机构网络间的传输效率 (3)提高交易的效率 (4)提高资金流向监管能力，防止非法交易
零售型	个人	金额小	侧重提高公众支付效率	(1)驱动货币国际化力量较强 (2)提高个人支付的便捷性 (3)提高定向货币政策实施能力 (4)提高资金流向监管能力，防止非法交易

资料来源：参考《中国人民银行中国支付日记账调查》及笔者本人观点。

零售型央行数字货币与批发型央行数字货币，均能提升本国货币的国际化能力，我国央行将数字人民币(DC/EP)定位于零售型央行数字货币，主要是出于其他多种原因的考虑。首先，零售型的央行数字货币有利于加强货币发行自主权、增强支付结算系统稳定性。2019年我国央行的调查数据显示，手机支付的交易量占比远超现金交易，交易笔数和交易金额分别高达66%、59%，在这一过程中，第三方支付发挥了主导作用。其次，零售型的央行数字货币有利于监控资金流向，避免资金流向与国家政策不一致，更利于宏观经济的发展、帕累托改进(Pareto Improvement)、社会整体福利水平提高，也更有利于"惠及民生福祉"落到实处。最后，数字人民币(DC/EP)兼有反洗钱、反恐融资、反逃税、防电信(网络)诈骗等违法犯罪的责任，适用相关国际标准和国内法律要求，反洗钱、反恐融资等义务主体(指定运营机构和其他商业机构)承担反洗钱、反恐融资的义务，在依法保护个人隐私信息、商业秘密的情况下，履行客户尽职调查、大额和可疑交易报告、保存交易记录和客户身份资料等责任，央行则为反洗钱、反恐融资等义务主体的监管部门。

6.1.4 数字人民币(DC/EP)的钱包种类多样化

可为数字人民币(DC/EP)设计种类多样的钱包(见表6.2)，可满足不同人群的使用需求(如老年人的使用便捷性),有利于数字人民币使用的普及,达到"金融为民""金融惠民"、降低"数字鸿沟"[①]"数据鸿沟"的目的,大大增强数字人民币(DC/EP)国际化的竞争能力,从而使其成为推动人民币国际化的利器。

表6.2 数字人民币钱包的种类

划分标准	钱包种类		备注
按身份识别强度	匿名钱包	实名钱包	单笔、单日交易限额不同,匿名钱包交易限额最低,实名钱包交易限额高
按开立主体	个人钱包	对公钱包	
按钱包载体	软钱包	硬钱包	硬钱包使用IC卡,可满足老年人的需求
按权限归属	母钱包	子钱包	

资料来源:根据《中国数字人民币研发进展白皮书》整理。

数字人民币钱包按照客户身份识别强度分为5级(五类),一类等级最高,五类等级最低。不同等级的钱包,其余额上限、单笔支付上限、日累计限额以及年累计限额等都不一样,如表6.3所示。

表6.3 数字人民币的个人钱包分类体系

钱包等级	钱包属性	余额上限	单笔支付上限	日累计限额	年累计限额
一类钱包	实名钱包	无	无	无	无
二类钱包	实名钱包	50万元	5万元	10万元	无
三类钱包	实名钱包	2万元	5000元	1万元	无
四类钱包	匿名钱包	1万元	2000元	5000元	5万元
五类钱包	匿名钱包	1000元	500元	1000元	1万元

注:工行、农行、中行、建行、交行和邮储六大国有银行中,仅有交行有第五类(针对外籍人士的非实名钱包),其他都是四类,分类标准基本统一。

资料来源:https://baiyunju.cc/8108。

[①] 数字鸿沟(Digital Divide),是指全球在数字化的演变中,各个国家、地区、产业、行业、社区、企业和个人在网络、信息技术等方面的拥有、应用与创新存在差别,导致贫富差距的加大。

6.1.5 数字人民币(DC/EP)的(跨境)支付设计

6.1.5.1 主要支付场景

(1)数字人民币对支付市场的影响

数字人民币(DC/EP)不需要绑定银行账号,即可进行各类支付、收款,收付更加灵活多样:①转账支付。可直接通过数字钱包,进行手机号或发邮件转账,不需要通过银行账号转账。②非接触收付款。可直接通过数字钱包,通过扫二维码或手机碰一碰(NFC)[①]收付款。③跨境支付。拥有数字人民币(DC/EP)钱包的用户,不需要通过中转行,可直接进行境内、境外的转账和支付。主要的使用场景如图6.4所示。

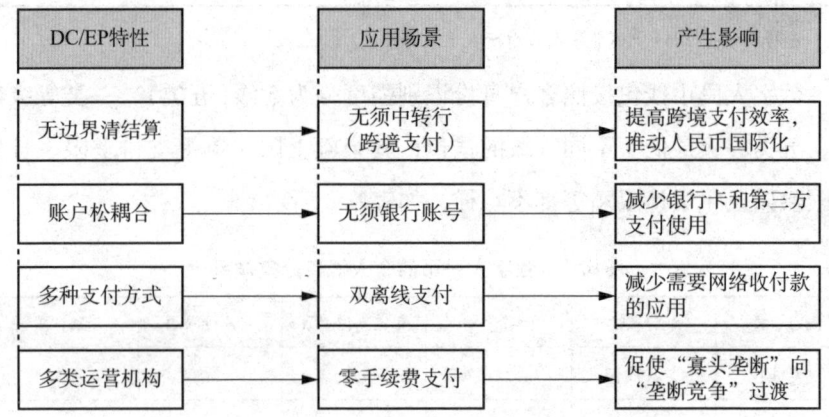

图 6.4　数字人民币(DC/EP)的(跨境)支付场景

资料来源:根据相关资料整理。

就目前的第三方支付市场竞争格局而言,支付宝占49%,将近一半;微信支付占33%;银联只占8%(见图6.5)。支付宝和微信两种支付手段加起来就高达82%,占有绝对比重,形成了"寡头垄断"市场格局,但随着数字人民币(DC/EP)与各类(零售)机构、各大零售场景开展线上、线下的广泛合作,应用场景迅速增加,支付宝和微信支付的市场份额会受到一定的挤压,将有利于其他运营机构打破现有移动支付市场格局、优化支付生

---

① NFC(Near Field Communication),近距离无线通信,即非接触式点对点数据传输。

6 数字人民币(DC/EP)对人民币国际化影响的应用研究

态,直接推动数字人民币国际化。

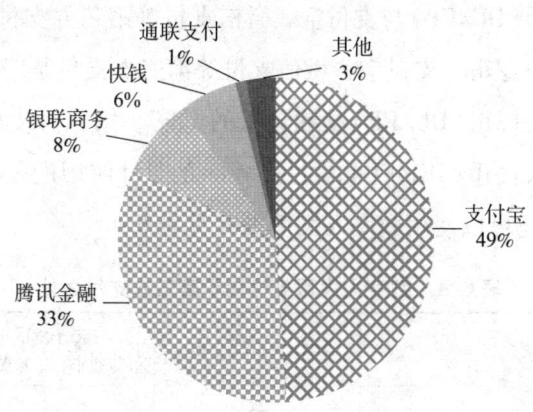

图6.5 现有第三方支付市场的寡头垄断格局

资料来源:根据相关资料整理。

对有能力参与运营数字人民币的机构来说(见图6.6),抢先参与数字人民币(DC/EP)的运营,不仅有利于获得第三方支付市场份额,还有获取巨大客户资源(可以营销各类金融产品和服务)的先发优势。因此,这对于有能力参与运营数字人民币的机构而言,无疑意味着巨大的市场盈利空间和诱惑力,随着银联商务、快钱、联通支付及其他各类机构的纷纷参与,以支付宝支付、微信支付为寡头垄断的第三方支付市场格局很可能被打破,这将有利于支付市场从"寡头垄断"向"垄断竞争"市场格局过渡,有利于整个社会资源优化配置、全要素生产率和整个社会福利的提高,从而提升我国的综合实力,进而推动(数字)人民币国际化进程。

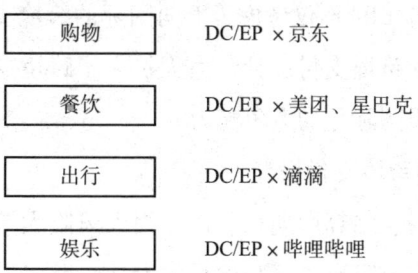

图6.6 数字人民币(DC/EP)已与多类机构开展合作

资料来源:根据相关资料绘制。

(2)数字人民币与第三方支付的差异

数字人民币(DC/EP)与支付宝、微信支付等第三方支付有一个本质区别,即基于账户逻辑,支付宝、微信支付等第三方支付是"钱包"。基于货币逻辑,数字人民币(DC/EP)是钱包里的"钱"。第三方支付的"钱包"中可以装入数字人民币(DC/EP),之前第三方支付使用的是银行存款 M1、M2,现在支付还可以使用数字人民币 M0(见表6.4)。

表6.4 数字人民币支付优于第三方支付之处

对比	数字人民币(DC/EP)	电子货币（银行卡、三方支付）	备注
1. 是否需要银行账号	是	否	
2. 是否国家信用	是	否	
3. 是否保护个人信息安全	是	否	可控匿名
4. 是否确保资金安全	是	否	
5. 是否可以 NFC(不接触转账)	是	否	
6. 是否需要付费	否	是	
7. 是否需要网络	否	是	
8. 是否可以被拒收	否	是	
9. 是否需要中转行(跨境支付)	否	是	
10. 是否需要清结算机构	否	是	

资料来源:根据相关资料整理。

6.1.5.2 面向国际和大湾区的跨境支付设计

数字人民币(DC/EP)不仅考虑了面向国际的跨境支付设计,还考虑了面向粤港澳大湾区的跨境支付设计,大大扩大了跨境支付的应用场景,从而大幅提升了人民币国际化的竞争能力。

(1)面向国际的跨境支付设计

费用高、速度慢、结算周期长、汇差损失风险大等一直是跨境支付的痛点,也在较大程度上阻碍了国际贸易的发展。数字人民币(DC/EP)跨境支付的设计,对于传统跨境支付方式是很大的改进,这种变革使得数字人民币从设计上就具有人民币国际化的天然优势。

对比图 6.7 和图 6.8 可以看出，在环球同业银行金融电讯协会①（SWIFT）下的传统跨境支付方式中，多了两个代理行（付款方的代理行 A 和收款方的代理行 B），多了代理费用、转账手续费（通信基础设施费用等）以及合规成本等（见图 6.7），整个支付过程的时间被大大拉长，成本大幅上升。而在 DC/EP 下的新型跨境支付方式下，不需要代理行，缩短了时间，节约了成本，在同样的时间内，可以成交更多的交易笔数，大大提高了交易成交量，扩大了经济贸易规模，从而加速了人民币国际化的进程，并进一步扩大了经济贸易规模，"马太效应"产生。

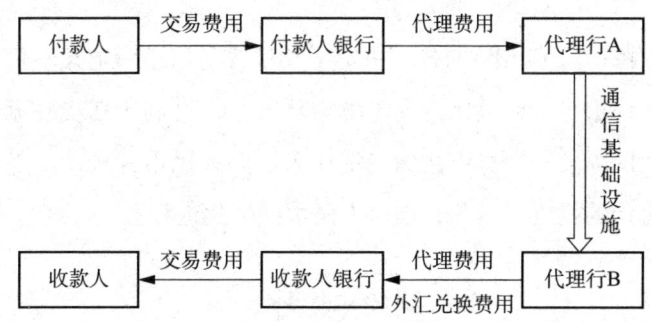

图 6.7　SWIFT 下的传统跨境支付方式

资料来源：根据 SWIFT、Libra 等相关资料整理。

（纽约）清算所银行同业支付系统②（Clearing House Interbank Payment System，CHIPS）主要经营跨境美元的清算，为了应对支付清算风险，该系统有一个 2 家最大参与者失败的程序，但迄今为止，未发生未清算交易。

---

① 该协会于 1973 年成立，总部位于荷兰的阿姆斯特丹，SWIFT（Society for Worldwide Interbank Financial Telecommunications）是国际银行间的非营利国际合作组织，在阿姆斯特丹与纽约有交换中心，负责建设、运营和管理国际网络 SWIFT，全球范围内的大多数银行都使用 SWIFT 进行结算。

② 该系统建立于 1970 年，由纽约清算所（1853 年成立）协会 NYCHA（New York Clearing House Association）经营，旨在取代纸质的支付清算，是全球最大的私营美元转账支付清算系统，主要开展美元的跨境支付清算，全球约 95% 的美元交易通过该系统进行，平均每天高达 1.5 万亿美元的支付清算。

在(人民币)跨境银行间支付系统①(Cross-border Interbank Payment System, CIPS)2015年10月8日正式启动上线前,我国人民币的跨境支付高度依赖美国掌控的SWIFT和CHIPS。SWIFT和CHIPS的跨境支付收费高、效率低,更为严重的是,SWIFT被美国作为长臂管辖的工具,对我国金融(体系)安全构成了极大威胁,使用我国的(人民币)跨境银行间支付系统(CIPS)可以规避这些缺陷。使用数字人民币(DC/EP)通过CIPS进行跨境转账支付,不仅费用低、速度快、效率高,而且可以规避SWIFT和CHIPS对我国金融(体系)安全构成的极大威胁,加快推动人民币国际化的进程。

数字人民币(DC/EP)的技术决定了其很容易跨境流通,不仅比传统跨境结算速度快很多,而且比传统跨境结算安全,有利于在境外流通达到一定程度、在国际贸易结算中达到一定比重、以人民币计价的金融产品成为国际金融机构的投资工具等,推动人民币国际化进程。

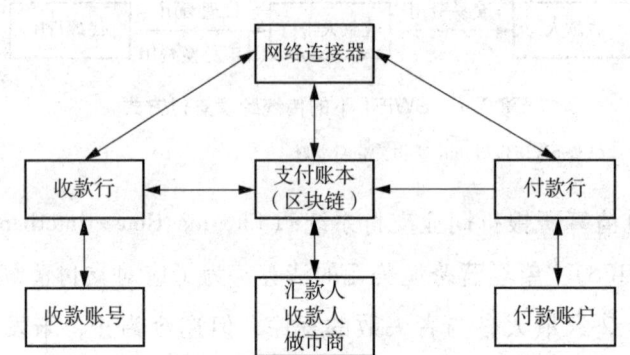

图6.8　DC/EP下的新型跨境支付方式

资料来源:根据SWIFT、Libra等相关资料整理。

---

① 人民币跨境支付系统(CIPS)是人民币跨境"批发类"支付系统,于2015年10月8日启动,旨在提高人民币国际国内跨境支付的清算效率、交易的安全性和稳定性,降低跨境支付的成本,整合已有的人民币跨境支付结算的各类资源,支持人民币的跨境贸易结算、跨境投融资和货币资金的清算,满足人民币与其他货币同步收付的业务。2018年5月,CIPS二期全面投产。2018年8月24日起全面支持"债券通"的DvP结算,2021年1月1日起大额支付系统处理的跨境人民币支付相关业务统一转到CIPS处理。截至2021年6月底,CIPS的直接参与者达53家,间接参与者1144家,覆盖全球6大洲102个国家(地区)。

6 数字人民币(DC/EP)对人民币国际化影响的应用研究

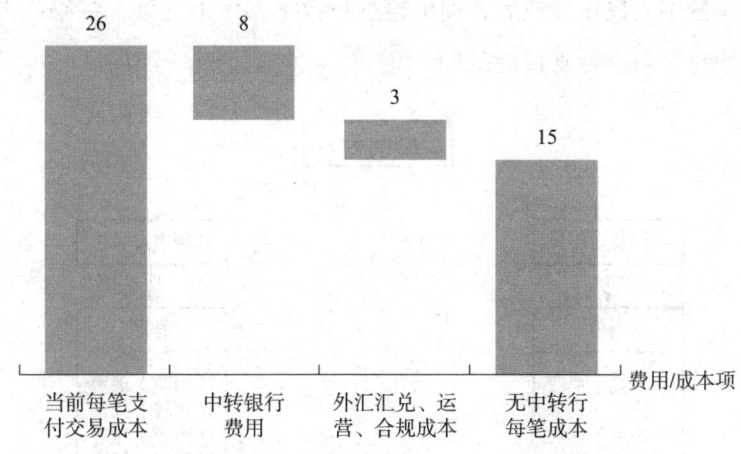

图6.9　无代理银行的跨境支付成本大幅降低(11%)

资料来源：根据麦肯锡等相关资料整理。

使用数字人民币(DC/EP)进行跨境贸易结算，除了可以减少图6.9中所示的成本外，跨境支付服务商还可以减少保留在合作银行的外汇头寸以及外汇头寸风险损失、合作银行收取的支付手续费。而且，中国人民银行可以对跨境支付、商业银行及相关贸易服务和数据进行追溯监管，从而能确保支付合规进行。

(2)面向粤港澳大湾区的跨境支付设计

数字人民币(DC/EP)不仅可以让我国内地居民在内地或去香港进行消费、投资、跨境理财和跨境保险支付，还可以让香港居民在香港或来内地进行消费、投资、跨境理财和跨境保险支付。香港居民不需要内地银行账号即可开立数字人民币(DC/EP)钱包，并通过数字人民币(DC/EP)钱包进行支付。

2021年3月，深圳在全国率先完成了向香港居民提供数字人民币(DC/EP)跨境支付的测试。深圳市人民政府与中国人民银行深圳市中心支行指导罗湖区政府、中国银行和中银香港一起合作，向两类香港居民提供数字人民币(DC/EP)跨境支付服务，对于经常来深圳的香港居民，使用"回乡证"(香港居民来往内地通行证)即可开立实名数字人民币钱包；对于很少来深圳的香港居民，使用香港手机号即可开立匿名数字人民币钱包。

在开立了数字人民币钱包后,即可通过扫数字人民币支付二维码或出示数字人民币付款码进行支付(见图6.10)。

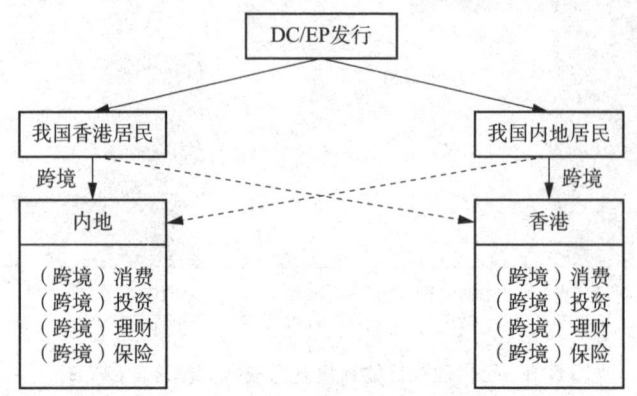

图 6.10　数字人民币(DC/EP)在大湾区的应用

资料来源:根据相关资料整理。

未来,可以通过香港的数字人民币指定运营机构(如香港的中资银行),向在港或赴港客群提供数字人民币服务,推动在港或赴港客群使用数字人民币消费、投资、贸易结算等,提高贸易自由化、贸易便利化以及资金流动自由有序化,在带动大湾区一体化发展的同时,加快人民币国际化进程。

6.2　数字人民币(DC/EP)对货币政策的影响

6.2.1　数字人民币(DC/EP)较难导致银行脱媒

数字人民币(DC/EP)很难对商业银行的存款造成负面影响。数字人民币(DC/EP)不计息,而且额度可控(余额设上限),所以较难让机构在商业银行的活期存款(M0)、定期存款(M1)以及个人在商业银行中的各类储蓄存款(M2)等转换成数字人民币(DC/EP),也难以让第三方支付的用户将自己存在第三方支付钱包(支付利息)中的钱转到数字人民币(DC/EP)钱包

(不支付利息)中,三者利息对比如表6.5所示。

表6.5 数字人民币(DC/EP)、银行存款和第三方支付钱包利息对比

	数字人民币 (DC/EP)	商业银行 (工行)	第三方支付钱包 (支付宝)
活期存款利息	0%	0.30%	1.67%(余额宝)
3个月定期利息	0%	1.35%	1.67%(结构性存款)
6个月定期利息	0%	1.55%	1.82%(结构性存款)
12个月定期利息	0%	1.75%	2.25%(结构性存款)

资料来源:根据相关资料整理。

因此,与金融工具创新、金融产品创新不同,数字人民币(DC/EP)很难导致在银行体系外循环的"银行脱媒"。

6.2.2 数字人民币(DC/EP)将扩大货币乘数

随着我国手机支付的快速发展和普及,现金(M0)使用率大幅下降,《中国数字人民币的研发进展白皮书》中的数据表明,2019年,在支付(手机支付、现金交易、银行卡支付)中,现金交易笔数占23%,交易金额仅占16%;而手机支付的交易笔数占66%,交易金额占59%;银行卡的交易笔数非常少,仅占7%,交易金额占23%。

表6.6 2016—2020年我国流通中现金(M0)余额

年份	2016	2017	2018	2019	2020
现金(M0)余额/万亿元	6.83	7.06	7.32	7.72	8.43
货币供应量(M2)/万亿元	155.01	169.02	182.67	198.65	218.68
现金(M0)占比/%	4.41	4.18	4.01	3.87	3.85

资料来源:中国人民银行。

如表6.6所示,从2016—2020年的数据来看,M0的绝对数量仍持续增长(因为经济的增长,整个货币供应量在不断增加),但与整个货币的供应量相比,相对占比在持续下降(见图6.11),从2016年的4.41%逐年下降到2020年的3.85%。

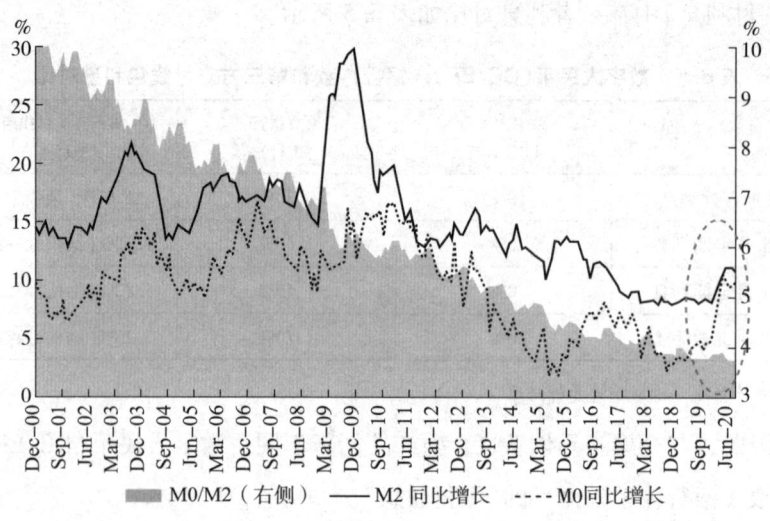

图 6.11　M0 占 M2 的比重呈持续下降趋势

资料来源：Wind 数据库。

数字人民币(DC/EP)作为 M0 的替代，随着数字人民币(DC/EP)使用范围、使用量的扩大，实物现金的流通量将加速减少，但 M0 的总量会上升，从两个方面对货币乘数产生影响(如货币乘数公式所示)。一方面，货币乘数的分子随着 M0 的增加而变大。由于数字人民币(DC/EP)是作为现金的，而不是作为存款的，是不计利息的，不太可能会侵蚀 M1 和 M2。另一方面，存款准备金会减少。实物现金的减少，会让存款准备金的总量收缩，分母变小。

货币乘数 K 的计算公式为：$K=(Rc+1)/(Rd+Re+Rc)$。

其中，Rc 代表现金占存款的比重。Rd 代表法定准备金率。Re 代表超额准备金率。

6.2.3　数字人民币(DC/EP)可实施定向流通

数字人民币(DC/EP)可以实现对特定的目标进行定向的资金支持，不仅增强了货币政策的政策目标的灵活性、有效性，还能为社会经济结构的均衡发展提供有力的调节工具。如对特定行业(餐饮、零售和出行等)、特定群体(特殊人群、困难群众和中小微企业等)和特定用途(救灾、扶贫和养老等)等的定向流通货币的政策给予支持,实施路径如图6.12所示。

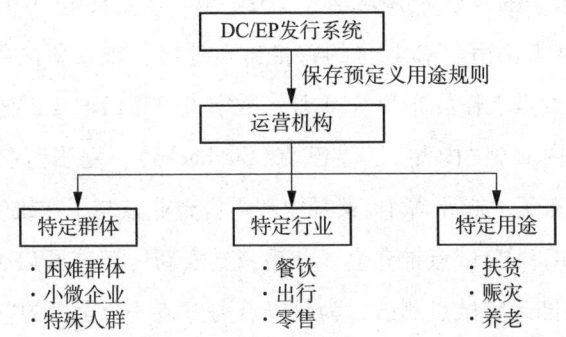

图6.12 数字人民币定向流通路径和部分场景

资料来源:根据相关资料整理。

数字人民币(DC/EP)通常在4种条件下可以实施定向流通:①经济状态。为了达到逆周期调节经济目的、减少金融机构贷款行为的顺周期风险,在贷款回收时,调节归还利率。②贷款利率。如果数字人民币(DC/EP)能够很好地将基准利率快速传导到贷款利率,可运用数字人民币(DC/EP)的定向流通。③流向主体。为了实现结构性货币政策目标,数字人民币(DC/EP)可以精准定向投放,实施数字人民币(DC/EP)的定向流通,提高金融服务实体经济的能力,减少货币的空转。④时点条件。为了降低货币政策传导的时滞、提高货币政策传导效率、防止货币的空转,当对未来产生影响的某个时间点出现时,实施数字人民币(DC/EP)的定向流通。

6.3 数字人民币(DC/EP)试点情况的应用分析

6.3.1 数字人民币在境内试点的应用分析

关于数字人民币在境内试点的应用分析,限于篇幅,选取雄安新区作为试点应用分析对象,且仅围绕与"数字人民币推动人民币国际化"有关的内容，进行具体分析。

2019年年底，中国人民银行选择了4个地区（深圳、苏州、雄安新区、成都）和1个未来的北京冬奥会会场（2022年2月4日至20日）（即"4+1"模式）作为数字人民币（DC/EP）的首批试点地区，雄安新区因此开始了紧锣密鼓的各项试点工作。2020年4月，数字人民币（DC/EP）在中国农业银行、中国银行内实施"内测"，星巴克（Starbucks）、麦当劳（McDonald's）、菜鸟驿站、京东无人超市等19家餐饮和零售企业参与了在雄安新区举行的数字人民币（DC/EP）试点推介会。此后，雄安新区正式开启了数字人民币（DC/EP）的内部封闭试点测试，为雄安着力打造一个全新的"数字之城"提供了重要的基础，雄安也以数字经济、自由贸易、国际标准的发展战略为契机，努力打造成高质量、高标准、全方位对外开放与合作的新区。

在整个试点过程中，所有工作紧紧围绕三个方面展开：①研究数字人民币的流通模型。充分挖掘试点数据，研究数字人民币的流通运行，以数字人民币为纽带全方位网络驱动"数字之城"的建设，为数字人民币（DC/EP）推动人民币的国际化积累经验。②增强数字人民币的技术支撑。借助科技公司对社交平台、电商平台等的技术优势，激活跨境金融的"数字基因"，构建开放的数字金融技术环境，开发稳定可靠的金融技术底层。③创新数字人民币的应用场景。持续创新和扩大数字人民币（DC/EP）的应用场景，完善数字人民币跨境支付合规和监管策略，不断提升跨境支付系统的效率。

具体分析将从六个方面展开，包括工作框架及路径、探索流通模型、完善技术支撑、开发试点场景。

6.3.1.1 工作框架及路径

雄安新区是一个全新的数字之城，数字人民币是一种全新的支付工具，以数字货币驱动数字之城，扩大金融开放，可以为加速"数字人民币推动人民币国际化"的进程积累落地使用的经验。

雄安数字货币试点工作框架及路径如图 6.13 所示，从研究流通模型、完善技术支撑、开发试点场景三个范畴着手数字货币试点工作。

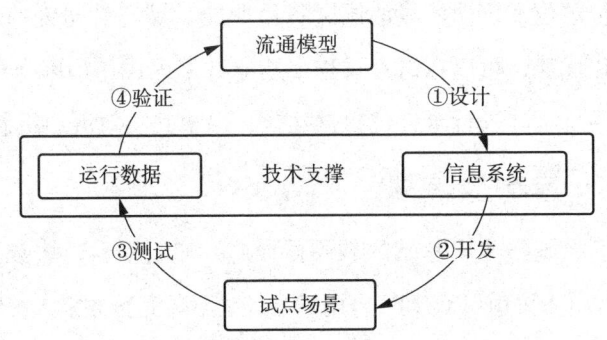

图 6.13　雄安数字货币试点工作框架及路径

研究流通模型：流通模型是在数字人民币流通中获取资金流、信息流、商流和物流数据的基础上发掘数字人民币流通特点，构建数字人民币流通管理的模型，并在多样化、封闭场景下进行验证。完善技术支撑：雄安具备从终端到平台的技术研发实力、开发支撑数字人民币（DC/EP）业务的信息系统，以及建立金融技术开放的环境。开发试点场景：雄安落实央行数字人民币（DC/EP）试点工作，从"数字城市""数字政府""数字产业""跨境服务"四个方面选择特定业务领域部署实施，推动城市绿色生活、政务流程透明、产业数字升级、跨境便捷支付的发展，由场景带动应用。

如图 6.13 所示，其他方面的工作紧紧围绕流通模型、技术支撑、试点场景展开，彼此连接构成数字人民币试点的生态系统。从流通模型开始，设计信息系统；以信息系统为基础，开发试点场景；通过试点场景测试，累积运行数据；以运行数据为依据，验证流通模型。以设计、开发、测试、验证的完整流程优化模型、技术、场景，形成螺旋式生态工作框架。

6.3.1.2　探索流通模型

研究数字人民币流通模型的最终目的是利用这些机制推动雄安新区经济、探索数字人民币（DC/EP）国际化的流通模式。

随着加密货币的出现，DSGE 等模型已被用作评估加密数字货币对经济影响的工具①。数字人民币试点后，可分析其流通中的关联因素，探索这些因素对数字人民币流通的作用效果，进而优化迭代，使其充分发挥交易媒介、计价单位及价值贮藏的国际货币职能。雄安是初创的新区，具有先天的数字化优势，可以在试点过程中建立数字人民币（DC/EP）特定功能相关的封闭场景，并进行全方位数据建模，探索其高效流通机制。

6.3.1.3 完善技术支撑

雄安数字之城已建成基础的软硬件设施，如云平台、块数据、物联网等，为创新数字人民币（DC/EP）应用场景，正不断完善数字人民币（DC/EP）支付终端、平台、服务各环节的支撑。

6.3.1.4 开发试点场景

雄安新区具有数字化先期优势的禀赋，以数字人民币（DC/EP）支付为核心开发典型的业务场景，推动数字城市、数字政府、数字产业和跨境服务的建设和发展。

如图6.14所示，雄安新区选取四个领域中的特定场景，从六个方面开展试点，即消费支付、绿色积分、物联交易、资金拨付、资产交易、跨境支付等。

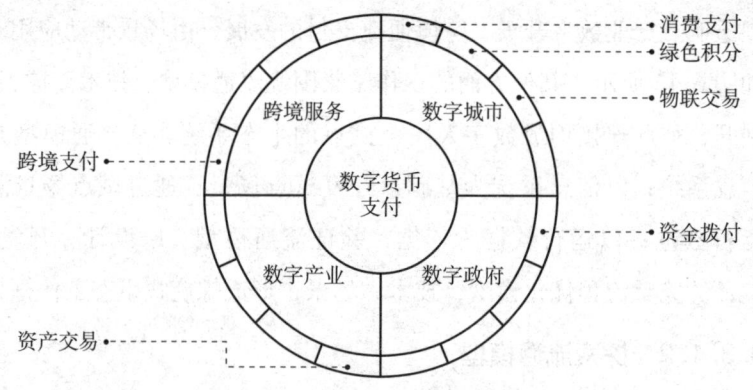

图6.14 雄安新区数字人民币（DC/EP）试点场景分布

---

① Stylianos Asimakopoulos. A New Economic Framework：A DSGE Model with Cryptocurrency.

在跨境支付方面，提供跨境贸易服务（如空港物流①），提供货币兑换、收付和清结算等（跨境）金融服务，在跨境贸易中形成正向循环的数字金融生态。

此外，还为境外公民、境外专家、境外企业提供境内数字人民币一条龙服务，开启便捷支付服务，保障个人在中国境内的工资报酬领取、旅游消费支付、不同币种间个人转账的无缝连接。

6.3.2 数字人民币在跨境支付中的应用分析

《中国数字人民币的研发进展白皮书》提出"探索改善跨境支付"是数字人民币（DC/EP）的目标和愿景，但目前还处于少量的早期试点阶段，例如，2021年4月，雄安海关完成了使用数字人民币（DC/EP）缴纳风险保证金；2021年5月，在海南跨境进口电商企业成功完成支付；2021年6月，在粤港澳大湾区使用数字人民币（DC/EP）实施"资本项目可兑换跨境"沙盒试点。此外，2021年6月香港金融管理局（HKMA）表示正与央行讨论逐步扩大、深化数字人民币（DC/EP）跨境支付应用的技术测试。

6.3.2.1 跨境通关：雄安海关使用数字人民币缴纳风险保证金

2019年年底，雄安被确定为首批数字人民币（DC/EP）试点地区（深圳、苏州、成都、雄安新区和北京冬奥会场馆），是"4+1"模式（4个地区+1个冬奥会场馆）的重要试点地区。

2021年4月，雄安海关完成了使用数字人民币（DC/EP）缴纳风险保证金，成为全国首个在海关领域使用数字人民币（DC/EP）的案例。雄安新区作为全国首批数字人民币（DC/EP）的试点地区，一直在践行国家"十四五"规划提出的"稳妥推进数字货币研发"的战略部署，雄安海关②（中华人民共和国雄安海关）受石家庄海关（关区）直管，2019年4月正式挂牌，负责雄安新区内海关工作。2019年年底，雄安新区被央行选作首批数字人民币（DC/EP）试点地区后，中华人民共和国雄安海关就与中国银行河北雄安分

---

① 空港物流中高端仪器、设备等的进出口涉及跨币种、跨国界的支付和转账汇款。使用数字人民币（DC/EP）零成本和跨币种、秒到账的实时清算，大大提高了空港物流的结算效率。

② 2018年年底，中华人民共和国雄安海关在保定正式组建，2019年4月30日，正式挂牌，是受石家庄海关（关区）直管的正处级单位，负责雄安新区范围内海关各类管理工作。

行共同探讨数字人民币（DC/EP）在海关领域的应用，海关作为国际贸易、国际金融领域的重要环节，在海关领域应用也是数字人民币（DC/EP）国际化的重要一步，海关税费涉及范围较广，经过反复商讨后确定在风险保证金缴纳这一环节进行先行试点。

第一步：雄安海关帮助试点外贸企业开设了加工贸易手册，备案进口约15.6万公斤的天然乳胶，备案进口料件金额17.8万美元。

第二步：首先，雄安海关以及试点外贸企业，均在中国银行河北雄安分行开立对公数字人民币钱包；其次，试点外贸企业将本企业账户内的资金兑换成数字人民币，存入对公数字人民币钱包；最后，使用对公钱包内的数字人民币缴纳27.12万元的风险保证金。

至此，雄安海关成功完成了用数字人民币（DC/EP）缴纳海关税费中的风险保证金，成为全国海关场景首笔使用数字人民币（DC/EP）的落地应用。此笔业务，不仅为雄安海关在其他海关（税费缴纳）业务、雄安其他政府服务项目中使用数字人民币（DC/EP）的拓展积累了重要的经验，更为全国其他数字人民币试点地区在海关业务中推广使用数字人民币打开了创新应用空间。这对于数字人民币（DC/EP）在跨境贸易、跨境支付中应用具有重要的示范作用，对于数字人民币（DC/EP）推动人民币国际化具有重要的里程碑意义。

6.3.2.2 跨境电商：海南跨境进口电商使用数字人民币支付

2020年11月，海南被确定为第二批数字人民币（DC/EP）试点地区（海南、长沙、上海、青岛、大连和西安），是"10+1"模式（10个地区+1个冬奥会场馆）的重要试点地区。

2021年5月18日，数字人民币支付在跨境进口电商首次使用。数字人民币（DC/EP）在海南跨境进口电商企业——国免（海南）科技有限公司[①]成功完成支付，开创了数字人民币（DC/EP）首次在跨境进口电商支付的场景应用，是数字人民币（DC/EP）在海南试点的创新性突破。数字人民

---

① 国免（海南）科技有限公司（International Duty Free），2021年3月15日成立，总部位于香港，由2012年开始从事韩国免税店货源采购及国际跨境免税商品供应，企业平移一些资源至海南海口，是海南自贸港主要的跨境贸易电商之一。

币(DC/EP)的支付接口、运营服务由工商银行海南分行提供,技术支撑、商户配套服务由海航集团新生支付有限公司提供。在整个交易过程中,极大地提高了支付的便捷性、节省了交易成本,一方面,消费者可以直接向交易对手用数字人民币(DC/EP)进行支付,没有第三方的介入,保护了消费者的隐私、个人信息安全、资金的安全,降低了交易的资金成本、时间成本;另一方面,平台商的运营成本大为降低,成交速度快,交易量大大提升,收益大幅提升。对于整个海南自由贸易港而言,改善了资金自由流动、贸易自由便利、交易监管更加主动精准(使用数字人民币后,实现了交易的资金流向可溯源、交易的合法性可以鉴别等,从而减少了事后核实、稽查,避免给交易双方造成不便等)等营商环境。由于数字货币是可以实施穿透式监管的,同时货币是将信息流、物流和资金流(清结算)融为一体的载体,数字人民币(DC/EP)在流动的同时,附带了信息流、物流和商流数据,对数字人民币(DC/EP)的穿透式监管,即可实现对信息流、物流、商流和资金流各类数据的准确获取,让跨境资金流动监管、跨境贸易政策制定等更加精准科学,大大促进了数字海南、智慧海南的建设,加速了海南国际化的进程,为人民币的国际化提供了重要支撑,人民币的国际化是海南国际化的重要工具,海南国际化是人民币国际化的重要桥梁,两者互相促进、互为补充。

6.3.2.3 跨境监管:粤港澳大湾区资本项目可兑换跨境沙盒试点

2021年6月,监管机构表示,粤港澳大湾区可充分发挥地理区位优势,按照"先易后难"的顺序,开展"单一通行证"跨境监管试点,使用数字人民币(DC/EP)实施"资本项目可兑换跨境"沙盒试点。

6.3.2.4 跨境支付更进一步:多边央行数字货币桥(mCBDC Bridge)

2018年,泰国央行(Bank of Thailand,BOT)与曼谷银行、泰国渣打银行、汇丰银行、暹罗商业银行、Ayudhya银行、Krungthai银行、Thanachart银行和Kasikorn银行8家境内商业银行合作启动Inthanon项目,利用批发CBDC建立基于DLT的实时总结算系统,共同设计、开发及测试CBDC的概念验证(Proof of Concept,PoC)原型。

第一阶段,2019年5月,中国香港金融管理局(HKMA)和泰国银行

（BOT）签署了谅解备忘录，启动了第一个多个"央行数字货币"项目（Inthanon-LionRock）。

第二阶段，2019年9月，项目的第二阶段显示跨境支付的传输速度从几天大幅提高到几秒钟，并大大降低了代理银行的几种核心成本。

第三阶段，2021年2月，BISIH香港中心、中国人民银行数字货币研究所和阿联酋中央银行加入后，该项目进入第三阶段，项目名称因此更名为mCBDC Bridge或mBridge。第三阶段，探索跨境批发CBDC的潜力。

设计选择和技术权衡的进一步实验，以及未来从原型到可生产网络的路线图，可以通过开源向更多的中央银行提供服务。为了实现这一目标，将继续与公共和私营部门合作，并将在一个安全的环境中进行试验。

12月，泰国中央银行（Bank of Thailand，BOT）与中国香港金融管理局完成CBDC联合研究计划：Inthanon-LionRock to mBridge项目。

传统的跨境资金转移要通过代理银行，因此存在高成本、操作复杂、

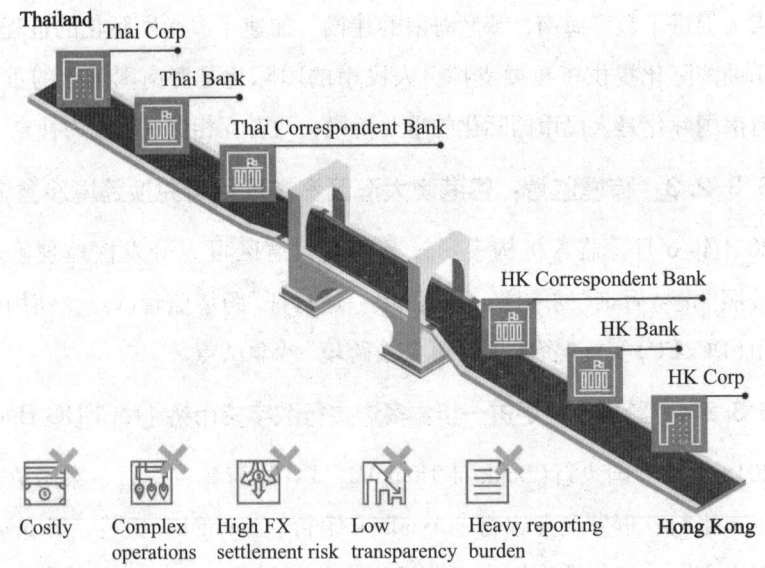

图6.15 现有的跨境资金转移方式及其痛点

注：Thai Correspondent Bank 为泰国代理银行；HK Correspondent Bank 为香港代理银行；Thai Corp 为泰国公司；HK Corp 为香港公司。

6 数字人民币(DC/EP)对人民币国际化影响的应用研究

高汇率结算风险、低透明度、繁重的报告负担等不足(见图 6.15)。因为代理银行分布在多个时区、不同的营业时间,每个代理银行都要重复一遍了解其客户(Know Your Customer,KYC)的流程,必然导致更高的成本和更慢的跨境支付速度,因此导致高外汇结算风险、低透明度和高报告负担。

Inthanon-LionRock and mBridge 模式下的跨境资金转移少了代理银行,因此具有更少的费用、更简便的操作、无汇率结算风险、更高的透明度、更低的报告负担等优势(见图 6.16)。

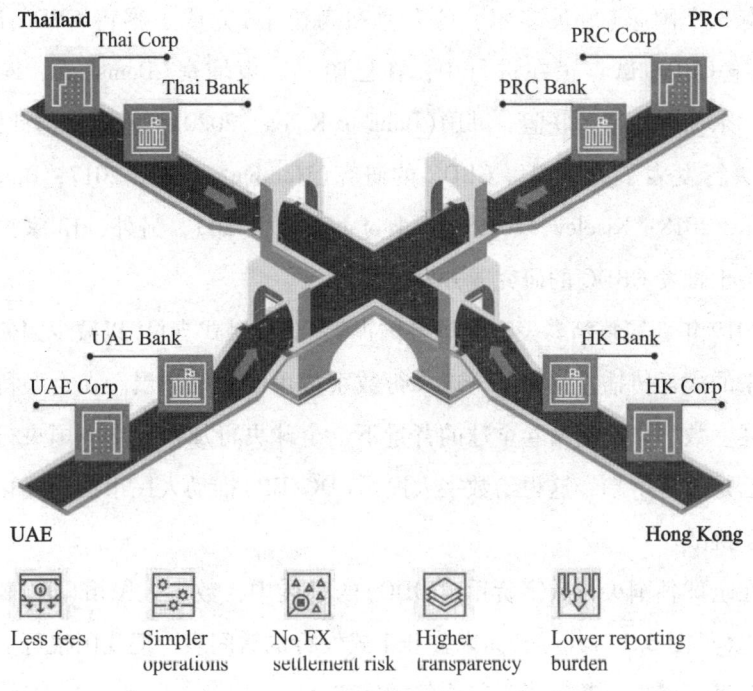

图 6.16　Inthanon-LionRock and mBridge 模式

注:PRC Corp 为中国公司;UAE 为 the United Arab Emirates,即阿拉伯联合酋长国。

资料来源:Adapted from Inthanon-LionRock. Leveraging Distributed Ledger Technology to Increase Efficiency in Cross-Border Payments[Z]. January 2020。

总体而言,随着数字人民币(DC/EP)的逐步推开,数字人民币将给跨境支付带来极大的正向推动作用,跨境支付的复杂性被降低,交易合规性被提升。

153

6.4　数字人民币应用的国际竞争环境

2019年10月,国际商业机器公司(IBM)和国际货币金融机构官方论坛(OMFIF)共同发布报告称:各国央行已经意识到数字货币将很快在国际货币体系中发挥作用,并且都可能发行本国的央行数字货币,以应对竞争。

截至2020年7月,全球已有36家央行披露了数字货币的相关工作。至少有3个国家(厄瓜多尔、乌克兰和乌拉圭)完成了零售CBDC试点。6个零售CBDC试点正在进行中:在巴哈马、柬埔寨(Bomakara,2019)、中国、东加勒比货币联盟、韩国(Bank of Korea,2020)和瑞典。与此同时,18家央行发表了关于零售CBDC的研究(Harahap et al.,2017;Burgos & Batavia,2018;Kiselev,2019;Bank of Japan,2020),另外,13家央行宣布了关于批发CBDC的研究或开发工作。

2019年新冠疫情暴发,全球各国提倡"非接触式支付"以减少因使用现金带来的病毒传播,加快了全球央行数字货币的研发进展。在金融科技加速发展、数字化浪潮席卷全球的背景下,全球央行加快推出本国央行数字货币已是大势所趋,这也给数字人民币(DC/EP)推动人民币的国际化提出了诸多挑战。

在全球各国央行数字货币(CBDC)的进展中,数字人民币(DC/EP)遥遥领先(见图6.17),尽管尚未公开正式发行的时间表,但我国很可能成为全球首批开展央行数字货币工作的国家之一。

从全球的发展现状可以看出,全球五大国际货币目前处于竞争相对激烈的状态,其中,新加坡作为亚洲的金融中心,加拿大则是全球首台比特币ATM使用的国家,它们在全球各国央行数字货币(CBDC)研发的进展中均具有重要影响。

6 数字人民币（DC/EP）对人民币国际化影响的应用研究

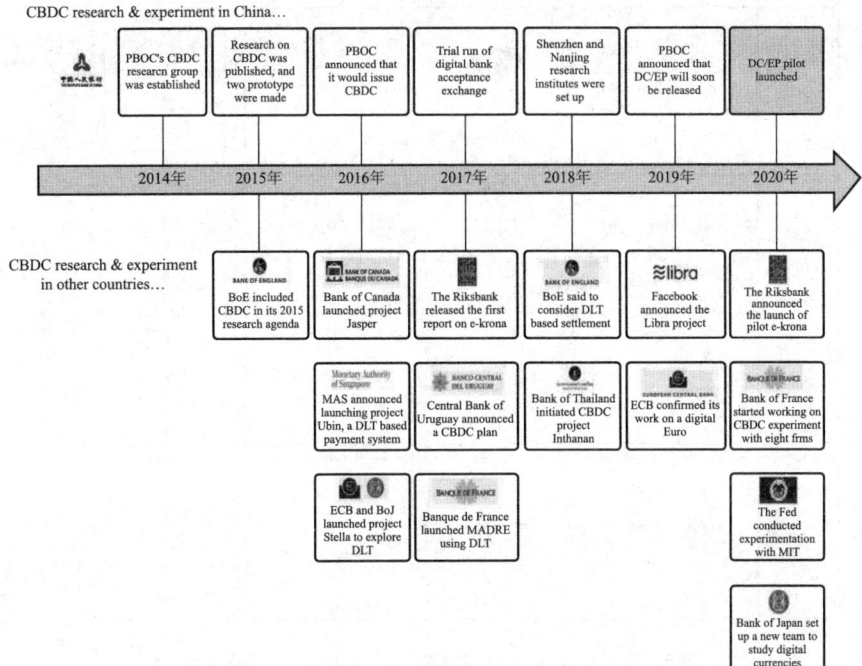

图 6.17　数字人民币与全球央行数字货币研发和试验的进展

资料来源：PBOC，Caixin，Xinhua，CNBC，Reuters，Bloomberg，various central banks。

6.4.1　数字美元的应用实践

2020年5月28日，"数字美元项目"（Digital Dollar Project）发布了白皮书。"数字美元项目"由美国商品期货交易委员会（CFTC）的前负责人 Christopher Giancarlo 创立的非营利组织"数字美元基金会"（Digital Dollar Foundation）与埃森哲联合创建。"数字美元项目"的目标在于推动"数字美元"，即美国的中央银行数字货币（CBDC）。

数字美元采用运营央行数字货币（CBDC）的模式，通过商业银行和受监管中介机构向居民提供数字美元（见图6.18）。

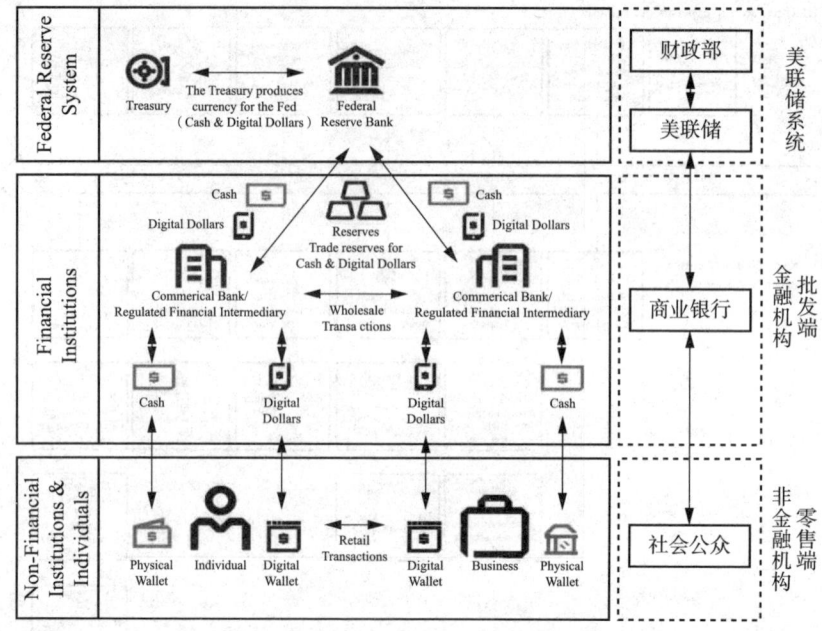

图 6.18　数字美元与实物美元现金的双层运营模式

资料来源：The Digital Dollar Project Whitepaper：Exploring a US CBDC[Z]. May 2020。

6.4.2　数字欧元的应用实践

欧盟各成员国分别在央行数字货币不同方面的实践探索，是数字欧元形成的源泉，瑞典、瑞士处于领先地位，也让欧洲央行深感控制欧元区货币供应权受到威胁，迫使欧洲央行加快了数字欧元推出的步伐。欧洲已有好几个国家向无现金社会方向发展，瑞典的实物现金流通量自 2011 年起大幅下降。

2019 年年底，欧洲央行(European Central Bank，ECB)一改以往的谨慎态度，成立央行数字货币(CBDC)工作组，探索央行数字货币的匿名性，推出"欧洲链"。2020 年 9 月，启动数字欧元的试验，评估数字欧元的四个方面的可行性。

2020 年 2 月，瑞典中央银行开始测试电子克朗(E-Krona)，电子克朗采用双层运营模式(见图 6.19)，中央银行将电子克朗发行给(商业银行等机构)节点,(商业银行等机构)节点再将电子克朗发行给社会公众,节点之间采用 Corda DLT 平台技术方案(归 R3 公司所有)。电子克朗的很多方面影响了数字欧元,如数字欧元采用的双层运营模式。

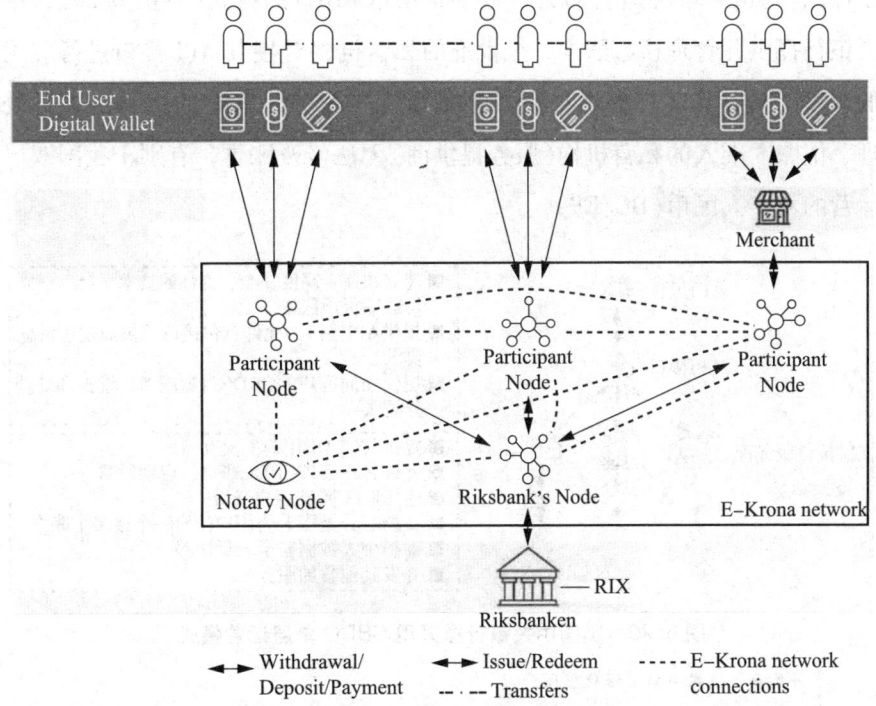

图 6.19 瑞典电子克朗(E-Krona)发行和流通的双层运营模式

资料来源:根据瑞典中央银行等资料整理。

2020 年 10 月,欧洲央行发布首份《数字欧元报告》,详细解释了数字欧元可能带来的相关好处、风险(如金融体系稳定性、商业银行损失等)、功能、技术以及法律问题。

2021 年,欧洲央行开启为期两年的数字欧元在设计、发行与流通等方面的调查。

数字欧元推出的很重要的原因就是,防止其他国家的央行数字货币侵蚀欧元的国际地位,并强化欧元的国际地位。

6.4.3 数字英镑的应用实践

2020年3月,英国央行(BoE)发布了《央行数字货币:机遇、挑战与设计》,提出了单层运营的央行数字货币(CBDC)的模式(见图6.20),中央银行提供并管理核心账本,被批准的私营机构对接其API接口进行应用的开发,并向其客户提供央行数字货币支付服务,客户的交易由央行处理、记账,准入的私营机构(服务提供商)无法修改账本,有别于我国双层运营的数字人民币(DC/EP)。

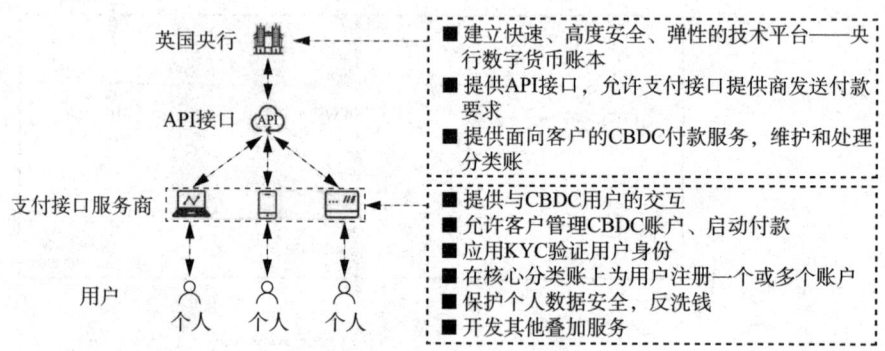

图6.20 英国中央银行拟采用CBDC单层运营模式

资料来源:根据英格兰银行整理。

英国中央银行担心去中心化的区块链技术会存在不足,因此考虑常用、成熟的中心化网络,使用区块链技术中的智能合约发行可编程性的货币,同时,采用密码技术增强央行数字货币的安全性。

2021年10月14日,"数字英镑基金会"成立,该基金会将在"数字英镑"的设计、开发、实施以及推出4个方面开展相关工作。

6.4.4 数字日元的应用实践

2015年支付宝进入日本被认为是一种威胁,导致日本于2017年9月启动数字货币J-Coin项目,由瑞穗金融集团与日本邮政银行牵头的约70家日本银行组成的日本银行联盟进行规划、推出,并得到日本央行(BoJ)

以及金融监管机构的支持，数字货币 J 币与日元等价，按照 1∶1 比例兑换，J 币的个人之间转账没有手续费，跨境转账更加便利。

同时，瑞穗也与支付宝合作，中国游客可通过支付宝直接使用 J-Coin 进行支付。

2021 年 4 月，日本央行（BoJ）正式确认已开始了第一阶段 CBDC 的试验，并将持续到 2022 年 3 月。日本一直视数字人民币为竞争性央行数字货币，认为数字人民币首先进入市场会让包括日本在内的其他国家的央行数字货币失去影响力。

6.4.5 数字加元的应用实践

6.4.5.1 Jasper 项目

2016 年 3 月，加拿大中央银行（Bank of Canada）启动 Jasper 项目，该项目旨在提升支付系统的效率，已经进行了三个阶段的概念验证试验。第一、第二阶段的试验在于央行以及各个（商业）银行之间的结算，第三阶段的试验在于 DVP（Delivery Versus Payment）业务，即结算日资金与债券同步结算的券款对付（债券过户与资金入账同时进行）。在同一时间处理资金到账，使得资金的利用效率比传统的支付系统更高，但作为概念验证（Proof of Concept，PoC），离实际应用还有一定距离。

6.4.5.2 加拿大、英格兰和新加坡的 U-W-CBDC

McKinsey 和 Company（2016）认为，跨境支付通过代理银行进行一笔交易的平均成本为 25~35 美元，超过境内支付的 10 倍。其中，锁定在代理行账户中的机会成本占 34%，司库操作（Treasury Operations）成本占 27%，外汇操作成本占 15%，合规成本占 13%。

在加拿大银行、英格兰银行和新加坡金管局的实践中，它们构建了一个新的央行间货币 U-W-CBDC（全球通用批发央行数字货币），如图 6.21 所示。

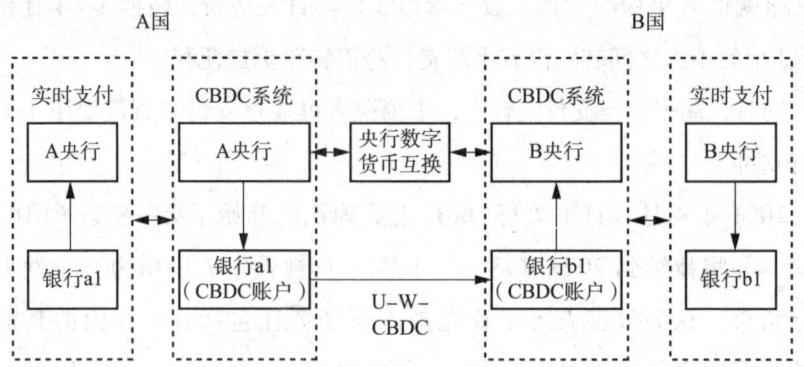

图 6.21　全球通用批发央行数字货币(U-W-CBDC)下的跨境支付

注：U-W-CBDC 为全球通用批发央行数字货币，U 为 Universal 全球通用，W 为 Wholesale 批发。
资料来源：根据相关资料整理。

U-W-CBDC 将由参与的央行发行的一篮子货币支持，每个国家的央行数字货币与 U-W-CBDC 保持一个汇率。参与的中央银行可以用自己的货币买卖 U-W-CBDC，商业银行再用本国的货币向本国中央银行兑换 U-W-CBDC。商业银行通过 U-W-CBDC 直接结算跨境交易，相比 SWIFT 下的传统跨境支付(见图 6.22)简化了跨境支付流程，去除了代理银行锁定流动性而产生的成本。

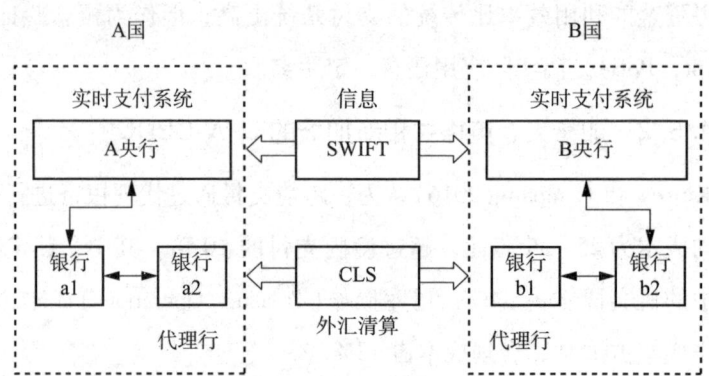

图 6.22　SWIFT 下的传统跨境支付

资料来源：根据相关资料整理。

6.4.6 数字新元的应用实践

2016年11月,新加坡金融管理局(MAS)开启了一个五阶段①的Project Ubin项目,这是一个全方位推进央行数字货币、速度仅次于数字人民币(DC/EP)的项目,已经完成了验证、付款交割、跨境结算的对等支付、银行间支付和区块链网络商用可行性五个项目的测试(见图6.23)。2020年7月13日,新加坡金融管理局和淡马锡控股联合发布公告,已完成Project Ubin项目最后阶段的测试,该项目正式结束。

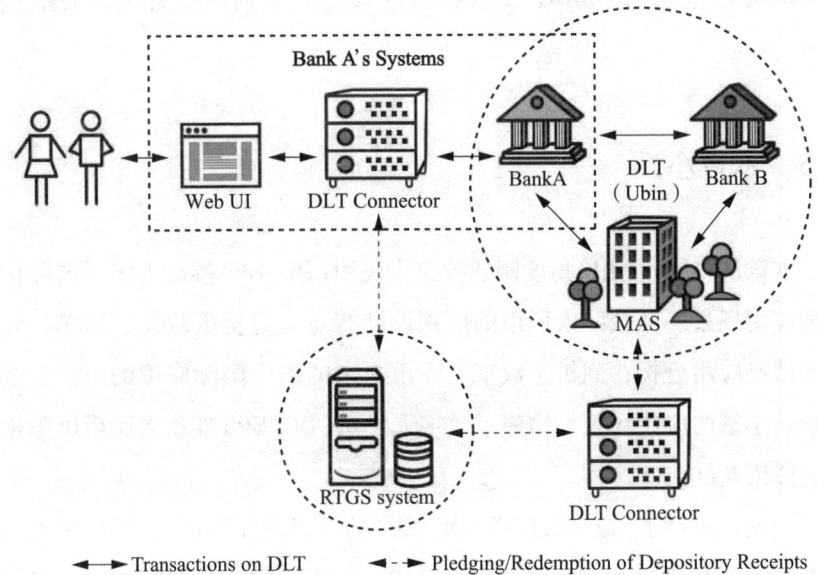

图 6.23 新加坡央行数字货币的原型系统(Ubin 架构图)

注:RTGS(Real Time Gross Settlement):实时全额结算;MAS(Monetary Authority of Singapore):新加坡金融管理局;DLT(Distributed Ledger Technology):分布式账本技术。

资料来源:The future is here, Project Ubin: SGD on Distributed Ledger.

2019年5月2日,新加坡金融管理局(MAS)与加拿大中央银行(BOC)对外宣布,已经完成了两国央行间的央行数字货币跨境和跨境支付测试。

---

① 第一阶段(2016年):货币通证(Token)化和跨行转账;第二阶段(2017年):实时全额结算;第三阶段(2018年):跨平台资产兑付(Delivery versus Payment, DvP);第四阶段(2018—2019年):跨境支付与清结算;第五阶段(2020年):挖掘商业价值。

新加坡与加拿大两国中央银行采用了哈希时间锁定合约(HTLC)技术连接两个采用不同的分布式账本技术(新加坡的乌敏岛项目和加拿大的Jasper项目)的网络，同时交付结算，不需要中介，降低了跨境支付的成本和跨境支付的支付风险，提高了跨境支付的速度和安全性。2019年11月至2020年7月，与多家金融机构及技术公司合作，新加坡金管局探索央行数字货币(Singapore Dollar, SGD, 新加坡元)与其他区块链应用程序集成、商用的可行性。

新加坡央行在探索央行数字货币方面，重点在于探索银行间的支付、面向机构的"批发型CBDC"，旨在将区块链原型网络与各类开发应用相结合。

6.5　本章小结

本章从"实际应用"角度阐述数字人民币(DC/EP)推动人民币国际化的各种应用场景。从数字人民币的应用设计特点、对货币政策的影响，到典型的试点应用分析，剖析了数字人民币未来的国内国际应用的可能、潜在场景，丰富的应用场景，构建了数字人民币(DC/EP)推动人民币国际化的坚实应用基础。

首先，探讨了"数字人民币(DC/EP)的应用设计特点"。①数字人民币(DC/EP)采用中心化管理的双层运营模式。第一层，央行面向指定运营机构，对其进行中心化管理，负责发行；第二层，指定运营机构面向社会公众，负责兑换流通。双层运营模式很好地契合了我国地广人多的现实，央行不具备直接服务社会公众的能力，大量商业银行及其他指定运营机构则具有强大的服务网络、软硬件服务能力，并有利于在竞争中充分发挥指定运营机构(如各类商业银行)的人才、技术、创新、服务能力等优势，央行负责营造公平的竞争环境，通过"竞争选优"使数字人民币(DC/EP)的研发、服务能力等各个方面都处于全球前沿的地位。单层运营模式，不仅不能分散风险，还会存在引发"银行脱媒"的可能性。此外，双层运营模式下，央行不可能超发货币，社会公众习惯于去以商业银行为代表的金融机构等指定运营机构开展金融业务。②数字人民币（DC/EP）采用"一币两库三中心"运营技术架构。数字人民币（DC/EP）通过央行的发行库到商业银行的业务库（或银行库）完成货币投放或货币回笼，业务库管理货币的流通。三中心则是指登记中心、认证中心和大数据分析中心。③数字人民币（DC/EP）定位于零售型央行数字货币。④数字人民币（DC/EP）的钱包种类多样化。为了满足各种场景和人群的需要，数字人民币（DC/EP）设计了匿名、实名钱包，个人、对公钱包，软、硬钱包，母、子钱包的钱包矩阵。⑤数字人民币（DC/EP）的主要支付场景。数字人民币不需要绑定银行账号，即可进行各类（跨境）支付、收款，尤其是跨境支付，不需要通过中转行，相比SWIFT下的传统跨境支付，大大缩短了时间、节约了成本（参见图6.6、图6.7和图6.8）。SWIFT和CHIPS的跨境支付收费高、效率低，更为严重的是，SWIFT被美国作为长臂管辖的工具，对我国金融（体系）安全构成极大威胁，如果使用数字人民币（DC/EP）通过CIPS进行跨境转账支付，将能够规避这些缺陷，加快推动人民币国际化的进程。⑥支付设计大幅提升了人民币国际化竞争能力。在支付设计上，既设计了面向国际的跨境支付，又设计了面向粤港澳大湾区的跨境支付。考虑了各种复杂的支付应用场景，使数字人民币（DC/EP）能更好地适应各种国际化支付环境，为数字人民币（DC/EP）推动人民币的国际化奠定了坚实的应用能力基础。

其次，探讨了"数字人民币（DC/EP）对货币政策的影响"：数字人民币（DC/EP）较难导致银行脱媒；数字人民币（DC/EP）将扩大货币乘数；数字人民币（DC/EP）可实施定向流通。

最后，探讨了"数字人民币（DC/EP）试点情况的应用分析"。①数字人民币在境内试点的应用分析。境内试点应用分析以首批试点地区的雄安新区为代表，从其工作框架及路径、研究流通模型、完善技术支撑、开发试点场景等方面，进行了立体、全方位的分析。②数字人民币在跨境支付中的应用分析。主要分析了目前现有的典型应用，其中包括，跨境通关：雄安海关使用数字人民币缴纳风险保证金；跨境电商：海南跨境进口电商使用数字人民币支付；跨境监管：粤港澳大湾区资本项目可兑换跨境沙盒试点；跨境支付更进一步：多边央行数字货币桥（mCBDC Bridge）。

  数字人民币（DC/EP）的使用推动人民币的国际化本身具有很强的实践性，通过应用研究对推动人民币国际化的理论研究有足够深入的理解，实践的研究为进一步提升理论研究起到了重要作用。

7

结论、政策建议与研究展望

7.1 研究结论

本书紧紧围绕数字人民币(DC/EP)推动人民币国际化内在逻辑的主线,以"理论研究+实证研究+应用研究"三位一体的研究范式为主体,其他章节为主体的重要支撑,主次分明、主辅联动、浑然一体,构成"数字人民币对人民币国际化的影响"的强内在逻辑,研究结论也从如下三个方面来陈述。

7.1.1 理论研究方面的研究结论

研究数字人民币(DC/EP)时,本书沿着"货币(数字货币如何从货币演进而来)—私人数字货币—法定/央行数字货币(我国的数字人民币)"的时间轴,从时间轴上的每一节点纵向展开,研究了其相关概念、内涵、产生和发展。得出如下结论:

(1)数字货币的内在属性,可以从三个角度来看:①数字货币从"载体演进"的角度而言,是由商品货币(如贝壳)、贵金属货币、纸币(金属辅币)、电子货币,发展到点对点的电子货币(数字货币);②数字货币从"形态演进"的角度而言,是从早期的有形货币(如黄金、白银、纸币和辅币),发展到无形的数字货币;③数字货币从"信用演进"的角度而言,是从早期货币本身有价值的"价值货币",发展到本身没有价值的"信用货币",数字货币属于"信用货币"的范畴。

(2)(法定)数字货币具有三大特征:形态特征、技术特征和金融特征。①形态特征。数字货币、虚拟货币(狭义)与电子货币都是无形的非实物货币，三者都属于广义的虚拟货币。②技术特征。数字货币的底层技术是区块链技术，由数据层、网络层、共识层、激励层和合约层五个层面组成，关键技术包括：分布式账本、点对点、共识机制和非对称加密等。③金融特征。法定数字货币具有去中心化（点对点交易）、匿名性、可追溯等特征。私人数字货币还具有总量有限、超主权等特征。

（3）（法定）数字货币对金融生态产生立体影响：宏观、中观和微观三个层面。数字货币将给社会带来良币驱逐劣币的金融、经济社会生态环境。对现有金融体系的影响是全方位的：①宏观层面的主要影响有：导致存款利率上升、完善金融监管和数据统计体系、减少货币投放和流通的成本、减少摩擦和制度性成本、拉动宏观经济增长。②中观层面的主要影响有：影响现有货币体系（货币不能超发、资本流动监管难度下降、货币政策实施效果大幅提升、央行被动扩大资产负债表、财政和货币政策同步难度降低以及债务问题减少、监管能力增强）、影响跨境支付清算业务（利用数字货币和区块链技术可以重构全球支付体系、对我国新兴支付清算机构形成一定的挤出）。③微观层面的主要影响有：影响现有商业银行（冲击银行的跨境支付、存贷款业务，冲击整体间接融资环境、从事相关传统业务的银行数量和从业人员大幅减少、提高商业银行的支付结算效率）、专业金融机构金融产品数量增加。

（4）（法定）数字货币具有天然的国际货币优势：（法定）数字货币的秒到账、零成本、匿名性、安全性高等多种优势，使其能很好地解决跨境贸易支付的费用高、速度慢、结算周期长、汇差损失风险大等阻碍国际贸易发展长期以来的问题，从而大幅提升（国际）贸易的交易量、促进全球经济贸易发展、加快经济全球一体化进程、推动人类命运共同体建设，这些使得法定数字货币（央行数字货币）具有天然的国际货币优势。数字人民币（DC/EP）不仅兼具央行数字货币的上述优势，而且采用了双离线（交易双方都不需要使用网络的离线状态）交易模式，使得交易不受时间（7×24小时）和地点（不需网络和过多的机具支持）的限制，这使得数字人民币具有了更强的国际化天然优势。

研究"人民币国际化"时,首先,研究了货币的国际化,包括货币国际化的先决条件和影响因素等;其次,研究了人民币国际化的核心影响因素和支撑影响因素;最后,研究了在数字人民币(DC/EP)发行和流通情况下,如何通过中间媒介传导到人民币国际化。得出如下结论:数字人民币(DC/EP)通过四大核心因素(经贸规模、币值稳定、金融规模和金融开放水平)和两大支撑因素(军事实力和政治影响力)的影响,拓展国际货币的三大职能(交易媒介、计价单位和价值贮藏),加快人民币国际化的进程。

人民币的国际地位与我国经济实力匹配性较低。一方面,在国际货币地位方面:①作为支付货币,美元占全球的38.4%,居全球第一,而人民币仅占2.2%(2021年2月数据);②作为储备货币,全球各国的外汇储备中,美元占比55.2%,全球排名第一,而人民币仅占2.1%(2020年第四季度数据);③全球的贸易融资中,美元占比更是高达87.1%,而人民币仅占1.3%(2021年2月数据)。总体来看,人民币的各种维度指标的占比均未超过2.5%,与美元的占比相差悬殊。另一方面,在全球经济实力方面(截至2020年年底):①GDP排名全球第二。尽管位列美国之后,但远强于欧元区国家和英国与日本。②全球第一大贸易国。货物贸易进出口总额占全球的13.1%。③中国现在已成为全球金融大国,外汇储备长期世界第一;银行业总资产规模全球第一;债券、股票、保险的市场规模也均成为全球第二。

(私人和法定)数字货币的影响,将加速新国际货币体系的形成和全球金融(治理)体系的改革,新国际货币体系将会是"一种"超主权货币主导的国际货币体系或"多种"货币并存的国际货币体系。全球金融治理体系的效率会大为提高,风险大小会由技术、监管、工作机制等决定。

7.1.2 实证研究方面的研究结论

为准确刻画数字人民币对人民币国际化的影响,本书基于非线性和非对称性视角刻画了数字人民币对人民币国际化的影响特征。具体而言,本书首先采用能够捕捉结构突变点和平滑渐变点的非线性单位根方法,对数字人民币和人民币国际化及其经济基本面相关变量的动态演化特征进行准确刻画。进一步地，为揭示数字人民币和人民币国际化之间的非线性关系，本书相继采用自回归分布滞后边限协整模型（ARDL-ECM Bound test）、平滑转换自回归模型（STAR）以及包含随机波动的时变向量自回归模型，实证分析了数字人民币对人民币国际化的非线性影响。

通过实证研究，本书得出如下结论：

整体而言，数字人民币的发展能够在一定程度上助推人民币国际化，且数字人民币对人民币国际化的影响并非一成不变，而是在不同的经济基本面环境下，数字人民币对人民币国际化的影响呈现潜在的区制转换和非对称性特征。特别地，在货币政策（息差）、经济增长（产出缺口差）、通货膨胀（通胀差）以及汇率（汇率预期）等作为转换变量的经济环境下，数字人民币对人民币国际化的影响会依托于上述不同的经济环境而呈现明显的区制转换和非对称性特征。

从期限结构的演化特征来看，数字人民币对人民币国际化的影响主要体现在短期，且在短期内倾向于发挥正向促进作用。而在长期内，数字人民币对人民币国际化的影响相对较小，甚至在不同的经济环境下还会引发数字人民币对人民币国际化的影响呈现负向特征，这也印证了数字人民币对人民币国际化的影响具有显著的非对称性及区制异质性特征。

进一步来看，在低区制环境下，数字人民币对人民币国际化的影响首先依托于汇率预期的影响；其次是中美息差；再次是产出缺口差；最后是通胀差。而从长期来看，数字人民币对人民币国际化的影响：首先依托于产出缺口差；其次是汇率预期；再次是通胀；最后是息差。需要特别指出的是，在长期内，数字货币对人民币国际化的影响在通胀和汇率预期的区制环境中表现为负，体现了在不同的区制环境中，数字人民币对人民币国际化的影响具有显著的区制异质性和期限结构异质性特征。

7.1.3 应用研究方面的研究结论

通过典型的数字人民币（DC/EP）应用试点（场景）的分析发现，数字人民币(DC/EP)在推动人民币在国际化的应用场景方面使用非常广泛，尤其是经常项目的人民币跨境使用，可以借助"一带一路""RCEP"拓展人民币在国际贸易、国际投资活动中的使用空间，在大宗商品贸易、跨境电商贸易(新形态)等中逐步增加数字人民币(DC/EP)的使用，充分发挥数字人民币(DC/EP)的交易媒介、计价单位和外汇储备的国际货币职能。

7.1.3.1 数字人民币在雄安新区的试点应用

雄安数字人民币的试点工作从以下方面展开：工作框架及路径、研究流通模型、完善技术支撑、开发试点场景。其中：①研究流通模型：在数字人民币流通中获取资金流、信息流、商流和物流数据的基础上发掘数字人民币流通机制、推导数字人民币流通控制流的抽象模型。②完善技术支撑：从终端到平台的技术研发，开发支撑数字人民币业务的信息系统，挖掘数字人民币流通的数据价值，支撑数字人民币运行结构，建立金融技术开放环境。③开发试点场景：雄安落实央行数字人民币试点工作，从"数字城市""数字政府""数字产业""跨境服务"四个方面选择特定业务领域部署实施，推动城市绿色生活、政务流程透明、产业数字升级、跨境便捷支付等的发展。由场景带动应用，首先进行小范围实验，形成统一共识、规范，然后大范围推广。

如前文所述，其他方面的工作紧紧围绕流通模型、技术支撑、试点场景展开，彼此连接构成数字人民币试点的生态系统。从流通模型开始，设计信息系统；以信息系统为基础，开发试点场景；通过试点场景测试，累积运行数据；以运行数据为依据，验证流通模型。以设计、开发、测试、验证的完整流程优化模型、技术、场景，形成螺旋式生态工作框架。

7.1.3.2 数字人民币的设计特点

数字人民币采用了中心化管理的双层运营模式、"一币两库三中心"运营技术架构，其定位于零售型央行数字货币和多样化的钱包设计等显著特点，能大幅提升人民币国际化竞争力，具体如下：

（1）数字人民币（DC/EP）采用中心化管理的双层运营模式

我国的数字人民币（DC/EP）采用央行进行中心化管理的双层运营模式，第一层未采用区块链的去中心化的分布式管理，而是由央行进行中心化的集中管理，并选择具备一定条件的商业银行等作为指定运营机构，但在第二层采用了区块链技术及其他多种技术的综合，博采众长。

从现实情况来看，两方面都决定了数字人民币（DC/EP）采用双层运营模式是最优的选择。一方面，中国人民银行不具备直接服务我国地广人多的社会公众的能力。若选择单层运营模式，不仅不能分散风险，还存在引发"银行脱媒"的可能性。采用中心化管理和双层运营模式，不仅可以满足指定运营机构的自身需求，还有利于竞争中充分发挥指定运营机构人才、技术、创新等自身优势，为数字人民币的技术（路线）迭代、应用场景创新与拓展、支付产品设计创新、数字人民币的（流通）使用推广等起到最大的推动作用，尤其是跨境支付、跨境投资等，从而增强数字人民币（DC/EP）成为国际货币的能力、加快人民币国际化的进程。中国人民银行的工作在于营造公平的竞争环境，以达到"竞争选优"的目的，让数字人民币（DC/EP）的研发、服务能力等各个方面都处于全球前沿的地位，始终对未来技术保持敏锐的洞察力和很强的前瞻性。另一方面，社会公众习惯于去商业银行等指定运营机构办理金融业务。

此外，指定运营机构（如商业银行）获得数字人民币（DC/EP）时，向中国人民银行缴纳100%的准备金，这就使得中国人民银行不可能超发货币。

（2）我国数字人民币（DC/EP）运营的技术架构为"一币两库三中心"

与以往不同的是，数字人民币由央行数字货币研究所发行，但一币两库结构与以往人民币发行模式一致，新设计了登记中心、认证中心和大数据分析中心三个中心，确保了数字人民币交易的安全，满足了新的监管需求。

（3）数字人民币（DC/EP）定位于零售型央行数字货币

央行数字货币根据面向的对象和用途的不同，分为批发型央行数字货币和零售型央行数字货币。

我国央行将数字人民币(DC/EP)定位于零售型央行数字货币,出于多种原因考虑。首先,零售型的央行数字货币有利于加强货币发行自主权、增强支付结算系统稳定性。其次,零售型的央行数字货币有利于监控资金流向,避免资金流向与国家政策不一致,更有利于宏观经济的发展、帕累托改进、社会整体福利水平提高以及"惠及民生福祉"落到实处。最后,应用数字人民币(DC/EP)有利于推进反洗钱、反恐融资、反逃税、防电信(网络)诈骗等违法犯罪工作。

(4)数字人民币(DC/EP)的钱包种类多样化

应用数字人民币(DC/EP)可设计多种钱包,在较大程度上满足不同人群的需求(如老年人的使用便捷性),有利于其使用的普及性,达到"金融为民""金融惠民"、降低"数字鸿沟"以及"数据鸿沟"的目的,大大增强了数字人民币国际化的竞争能力,从而使其成为推动人民币国际化的利器。

7.1.3.3 数字人民币在境内和跨境支付中的应用情况

(1)数字人民币(DC/EP)的主要支付场景

数字人民币对支付市场的影响。一方面,由于不需要绑定银行账号,支付更加多样:①转账支付。可直接通过数字钱包,进行手机号或发邮件转账,不需要通过银行账号转账。②非接触收款。可直接通过数字钱包,通过扫二维码或手机碰一碰(NFC)收款。③跨境支付。具有数字人民币(DC/EP)钱包的用户,不需要通过中转行,可直接进行境内、境外的转账和支付。另一方面,就目前的三方支付市场竞争格局而言,支付宝占49%,微信支付占33%,形成了"寡头垄断"市场格局,但随着数字人民币(DC/EP)应用场景、试点范围的扩大,其会有利于其他运营机构打破现有移动支付市场格局,优化支付生态,直接推动数字人民币的国际化。

对于有能力参与运营数字人民币的机构来说,抢先参与数字人民币(DC/EP)的运营,不仅有利于获得第三方支付市场份额,还能有获取巨大客户资源(可以营销各类金融产品和服务)的先发优势。随着银联商务、快钱、联通支付及其他各类机构的纷纷参与,现有的以支付宝支付、微信支付为寡头垄断的第三方支付市场格局很可能被打破，这将有利于支付市场从"寡头垄断"向"垄断竞争"市场格局过渡，有利于整个社会资源的优化配置、全要素生产率和整个社会福利的提高，从而提升我国的综合实力，进而推动（数字）人民币国际化的进程。

数字人民币与第三方支付存在本质区别。数字人民币（DC/EP）与支付宝、微信支付等第三方支付有本质区别，基于账户逻辑，支付宝、微信支付等第三方支付是"钱包"。基于货币逻辑，数字人民币（DC/EP）是钱包里的"钱"。第三方支付的"钱包"中可以装入数字人民币（DC/EP），之前第三方支付使用的是银行存款 M1、M2，现在支付还可以使用数字人民币 M0。

（2）数字人民币（DC/EP）跨境支付设计

跨境支付设计，不仅包含面向国际的跨境支付，还包含了面向粤港澳大湾区的跨境支付设计。

①面向国际的跨境支付设计。费用高、速度慢、结算周期长、汇差损失风险大等一直是跨境支付的痛点，也大大阻碍了国际贸易的发展。数字人民币（DC/EP）跨境支付的设计，对传统跨境支付方式是很大的改进，这种变革使得数字人民币从设计上具有人民币国际化的天然优势。

在 SWIFT 下的传统跨境支付方式中，多了两个代理行（付款方的代理行 A 和收款方的代理行 B），多了代理费用、转账手续费（通信基础设施费用等）以及合规成本等，整个支付过程的时间被大大拉长，成本大大上升。而在 DC/EP 下的新型跨境支付方式，不需要代理行，缩短了时间、节约了成本，在同样的时间内，可以成交更多的贸易，大大提高了交易成交量，扩大了经济贸易规模，又反过来推进人民币国际化的发展，并大大促进了经济的发展。

SWIFT 和 CHIPS 的跨境支付收费高、效率低，更为严重的是，SWIFT 被美国作为长臂管辖的工具，对我国金融（体系）安全构成极大威胁，使用我国的（人民币）跨境银行间支付系统（CIPS）将规避这些缺陷。

如果使用数字人民币（DC/EP）通过 CIPS 进行跨境转账支付，不仅费用低、速度快、效率高，而且规避了 SWIFT 和 CHIPS 对我国金融（体系）安全构成的极大威胁、加快推动人民币国际化的进程。

使用数字人民币（DC/EP）有利于我国人民币的国际化，数字人民币（DC/EP）的技术决定了其很容易跨境流通，不仅比传统跨境结算速度快很多，而且比传统跨境结算安全，有利于人民币在境外流通达到一定程度、在国际贸易结算中达到一定比重及以人民币计价的金融产品成为国际金融机构的投资工具等人民币国际化的条件。

②面向粤港澳大湾区的跨境支付设计。数字人民币（DC/EP）不仅可以让我国内地居民在内地或去香港进行消费、投资、跨境理财和跨境保险支付，而且还可以让香港居民在香港或来内地进行消费、投资、跨境理财和跨境保险支付。香港居民可以不需要内地银行账号即可开立数字人民币（DC/EP）钱包，并通过数字人民币（DC/EP）钱包进行支付。

2021 年 3 月，深圳在全国率先完成了向香港居民提供数字人民币（DC/EP）跨境支付的测试。深圳市人民政府与中国人民银行深圳市中心支行指导罗湖区政府、中国银行和中银香港一起合作，向两类香港居民提供数字人民币（DC/EP）跨境支付服务，对于经常来深圳的香港居民，使用"回乡证"（香港居民来往内地通行证）可开立实名数字人民币钱包；对于很少来深圳的香港居民，使用香港手机号即可开立匿名数字人民币钱包。在开立数字人民币钱包后，即可通过扫数字人民币支付二维码或出示数字人民币付款码进行支付。

未来可以通过香港的数字人民币指定运营机构（如香港的中资银行），向在港或赴港客群提供数字人民币服务，推动在港或赴港客群使用数字人民币消费、投资、贸易结算等，提高贸易自由化、贸易便利化以及资金流动自由有序化，带动大湾区一体化发展的同时，加快人民币国际化。

7.2 相关政策建议

当今世界，科学技术发展迅猛，金融科技正在彻底改变金融服务方式，也在改变全球的金融格局，全球央行都在顺应这一浪潮，中国人民银行也不例外，甚至要紧抓潮流的机会，实现赶超。央行数字货币(CBDC)正是这一浪潮的重要的一股，越来越多的国家已经开始清醒认识到央行数字货币(CBDC)的诸多优势，用其提高本国货币的国际地位，已经成为很多国家急于发行本国央行数字货币(CBDC)的最重要驱动因素。面对各国纷纷加入到此行列的浪潮，数字人民币(DC/EP)推动人民币国际化理应加速赶超、抢占先发优势，这也是本书写作的最初动机和最重要的目的，希望能从研究的角度，贡献一份微薄智慧。

综观全文，影响数字人民币(DC/EP)推动人民币国际化进程的因素很多，但主要因素还是清晰可辨的。鉴于此，为数字人民币(DC/EP)能更好地推动人民币国际化的进程，本书提出如下政策建议：

7.2.1 进一步完善配套法律和监管框架

从法律和监管框架上支持数字人民币(DC/EP)推动人民币国际化进程。借鉴全球各国的先进经验，结合我国的实际情况，一方面，对现有相关法律法规需要修改的，及时作出修改调整；另一方面，需要制定相关新的配套法律法规的，适时制定、实施，减少法律法规上的制约与限制。尤其是跨境支付涉及与其他国家法律法规的对接、国际监管合作。

7.2.2 进一步出台相关支持政策

从政策上给予数字人民币(DC/EP)推动人民币国际化的支持，可出台各类鼓励与奖励政策。如鼓励设立各类数字人民币(DC/EP)推动人民币国际化的相关创新基金，以开展项目研究为抓手，奖励研究、实验，促进数字人民币(DC/EP)推动人民币国际化领域的创新。支持开展数字货币相关技术的基础研究和应用创新、商业模式创新研究，推动技术和产品发展。

7.2.3 进一步完善相关技术基础设施

完善与推广数字人民币(DC/EP)，推动人民币国际化相关的信息基础设施、融合基础设施以及创新基础设施建设,制订数字人民币(DC/EP)推动人民币国际化的各类技术研究计划,从技术上支持相关的应用推广,如涉及 RFID、NFC、蓝牙、802.11 等近距离通信技术,涉及短信、WAP 等远程控制技术,在系统安全、交易安全、数据保护、内控管理等方面,保障数字人民币在移动支付时的安全性。完善与推广数字人民币(DC/EP)推动人民币国际化的相关场景,技术上支持各类功能的实现。

英格兰银行提出 CBDC 的项目中可部署、可扩展的设计框架,允许任何其他国家的央行部署和拓展自己国家的 CBDC。

7.2.4　进一步提高跨境支付的风险防控能力

随着数字人民币(DC/EP)试点的推广与正式推出,数字人民币(DC/EP)的很多优势势必导致数字人民币跨境支付需求的激增,技术风险、经营风险、操作风险、管理风险和法律法规风险等随之上升。因此,需要不断完善风险监测预警框架体系(如清结算体系)建设,以应对现有(潜在)风险和各类应用创新所产生的新的风险,满足数字人民币推动人民币国际化的各类需求。

同时,国内金融的稳定是数字人民币(DC/EP)推动人民币国际化的基础,国内的金融脱媒、银行挤兑等各类影响金融稳定的风险,都应得到有效防控。

7.2.5　进一步利用当前各种国际有利因素

2008 年美国次贷危机爆发之后,多元国际货币体系代替美元为中心的单极国际货币体系受到很多国家的重视,人民币资产成为很多国家避险资产的选择,很多国家开始与我国开展货币互换、提出贸易投资结算需求等,在我国贸易、经济实力带动国际影响力提高的有利趋势背景下,应充分利用各种有利因素(如中国—东盟自贸区(CAFTA)、"一带一路"、区域全面经济伙伴关系协定(RCEP)、冬奥会等重大国际活动等),顺势而为,拓展货币互换及互换中数字人民币的使用,提高使用数字人民币结算和支付的比重，提高金融开放水平，促进数字人民币跨境流动。

7.2.6　进一步扩大"国际合作研发"范围

多个国家联合研发，可以发挥多国的技术、人才以及跨境支付试验等优势。在全球各国正在进行一轮央行数字货币研发的角逐背景下，多国联合研究的趋势已初显端倪，日本、欧盟、英国、瑞士等在与其他国家央行开展合作方面表现积极，我国央行也联合发起多边央行数字货币桥（mCBDC Bridge）研究项目，为了增强数字人民币的国际影响力，保持技术、服务能力、风险应对能力等各方面都处于全球前沿地位，需要进一步扩大"国际合作研发"范围。有利于解决各国外汇管理政策、汇兑制度安排的差异，以及跨境使用的适用性和监管合作等问题。

此外，利用一切机会（如冬奥会）加大对数字人民币（DC/EP）的宣传力度，提高数字人民币在国际、国内的认知度、认可度，增加数字人民币（DC/EP）的使用，从而助推人民币的国际化。

7.3　研究的局限性及进一步研究展望

尽管本书的写作参考了大量的有关数字货币、人民币国际化、数字人民币与人民币国际化的文献，经过了大量的调研、访谈，但仍然存在诸多局限。一方面，数字人民币（DC/EP）跨多个学科，内容涉及领域较广；另一方面，这是一个全新的研究课题，数字人民币（DC/EP）尚处于试点地区不是很多的起步阶段，数据（尤其是时间序列数据）难以获得，且较多为涉密数据。这些都体现了这个课题的研究价值及进一步研究的意义。

当产生更多的数据时，可以开展更多的实证研究。随着数字人民币（DC/EP）试点地区和场景的增多，以及未来数字人民币（DC/EP）的正式推出，数据将不断增多，尤其是跨境支付的相关时间序列数据增多时，可以参考图 7.1 中的核心因素的四个方面和支撑因素的两个方面对人民币的国际化的影响开展多个视角的实证研究。

7 结论、政策建议与研究展望

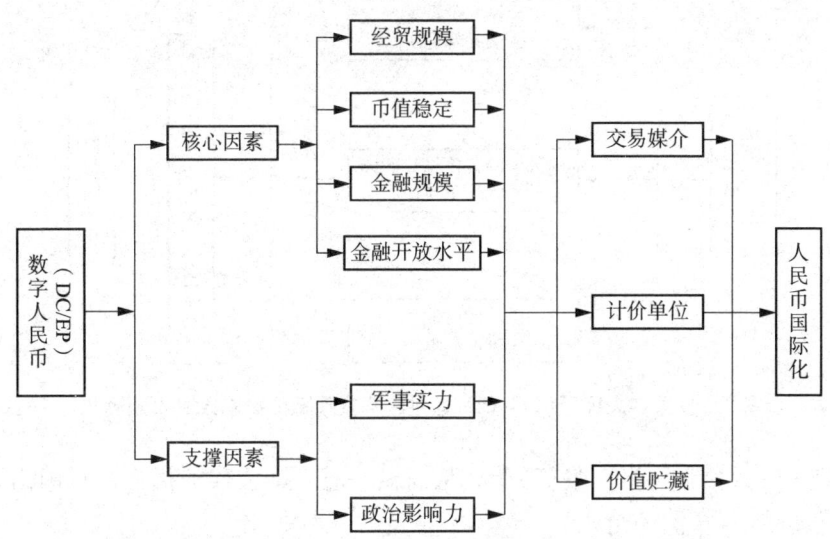

图 7.1 数字人民币(DC/EP)影响人民币国际化的逻辑关系图

可通过图 7.2 中的逻辑关系开展相关研究。研究数字人民币对人民币国际化的影响,还可以通过数字人民币(DC/EP)对人民币在全球的金融交易、国际贸易计价结算和国际外汇储备三个方面的影响来研究人民币国际化指数(RMB Internationalization Index,RII)[①],评判对人民币国际化的影响程度。

数字人民币提高我国综合经济实力,进而提升人民币国际化的地位。数字人民币(DC/EP)可以优化我国数字经济生态,进而提升我国数字经济的质量和扩大我国数字经济的规模,提高我国综合经济实力,提升人民币的国际地位,最终推动人民币的国际化。

优化我国数字经济生态中,数字人民币对国内金融经济的影响过程是:降低交易成本、增强货币政策有效性、增强监管能力(反洗钱、反恐

---

① 人民币国际化指数(RMB Internationalization Index,RII)是由中国人民大学的国际货币研究所(IMI)编制的于 2012 年首次发布的《人民币国际化报告(2012)》中,综合人民币各项职能在全球的占比,通过计量模型动态描述人民币国际化程度的一个综合量化指标。通过旨在客观描述人民币在国际经济活动中实际使用程度的一个综合的量化指标,重点反映人民币的金融交易、国际贸易计价结算和国际外汇储备在全球的占比。RII 的数值从 0%~100%,数值越大,表明国际化程度越高。截至 2020 年年底,人民币国际化指数(RII)的值为 5.02,同比增长 54.2%,创历史新高。

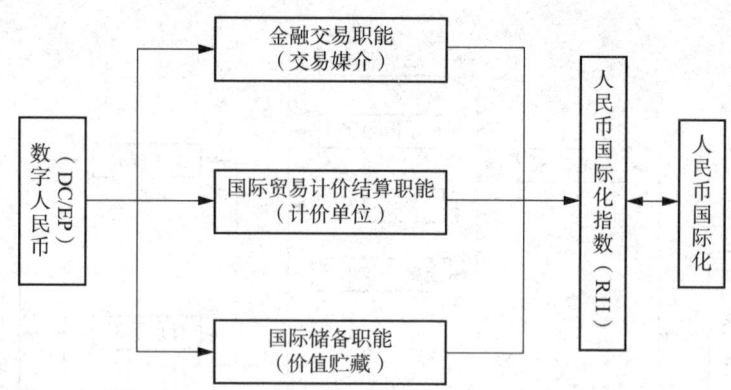

图7.2 数字人民币(DC/EP)通过国际货币职能影响人民币国际化

融资、反逃税和网络诈骗等)等,从而减少对经济造成的损失,对国内金融/经济产生正向作用。

并且在数字人民币促进与人民币数字化相关科技领域发展的同时,这些科技领域的技术又会不断被应用到数字人民币中,加速人民币国际化的进程。

数字人民币可以减少人们在进行货币交换过程中的烦琐手续和交换成本,尤其是在中美贸易战所建立的信息壁垒和新冠疫情的广泛蔓延背景下。在"一带一路"背景下,人民币数字化的推动可以有力地推进相关国家国际投资者持有人民币,这不仅能提高人民币在国际社会中的认同感和计价职能,而且还能提升全球人民币储备货币量。众所周知,一个国家的储备货币地位在大国竞争和货币国际化中发挥着至关重要的作用。

谈及人民币国际化问题,其中不可缺少的便是国际贸易化,那么数字人民币究竟是以何种方式影响国际贸易化进而促进人民币国际化的呢?由于人民币数字化的安全特征,它在国际贸易中会简化各国之间企业的交易流程,加快数字人民币的使用速度,改变人们的固有观念,提升人民币的国际交流与合作地位,从而加快人民币的国际化进程。

参考文献

中文文献

[1]巴曙松,王珂.中美贸易战引致全球经贸不确定性预期下的人民币国际化——基于大宗商品推动路径的分析[J].武汉大学学报(哲学社会科学版),2019(6):89-98.

[2]白晓燕,邓明明.不同阶段货币国际化的影响因素研究[J].国际金融研究,2016(9):86-96.

[3]保建云.主权数字货币、金融科技创新与国际货币体系改革——兼论数字人民币发行、流通及国际化[J].人民论坛·学术前沿,2020(2):24-35.

[4]保罗·克鲁格曼.萧条经济学的回归和2008年经济危机[M].北京:中信出版社,2009.

[5]贝多广,罗煜.补充性货币的理论、最新发展及对法定货币的挑战[J].经济学动态,2013(9):4-10.

[6]本诺伊特·科雷,赵廷辰.数字货币的崛起:对国际货币体系和金融系统的挑战[J].国际金融,2020(1):3-7.

[7]毕燕君,李晓璐.人民币国际化及其影响因素研究[J].价格理论与实践,2020(1):95-98.

[8]彼得·希夫,约翰·唐斯.美元大崩溃[M].北京:中信出版社,2008.

[9]本·布劳德本特.中央银行与数字货币[J].中国金融,2016(8):11-13.

[10] 卜权政，贾兰霞．比特币税收问题面面观[J]．国际税收，2014(6)：74-76．

[11] 蔡维德，郁莲，王荣，等．基于区块链的应用系统开发方法研究[J]．软件学报，2017，28(6)：1474-1487．

[12] 曹远征．人民币国际化战略[M]．北京：学习出版社；海口：海南出版社，2013．

[13] 陈炳才．人民币国际化：主权货币结算和资本项目可兑换同时进行[J]．武汉金融，2010(3)：4-8．

[14] 陈创练，姚树洁，郑挺国，欧璟华．利率市场化、汇率改制与国际资本流动的关系研究[J]．经济研究，2017，52(4)：64-77．

[15] 陈鸿祥．央行数字货币的发行逻辑与演进安排[J]．上海金融学院学报，2017，1(5)：128-137．

[16] 陈华，申时，陈子凡．国家安全战略下法定数字货币安全问题研究[J]．财经科学，2021(8)：14-26．

[17] 陈强．高级计量经济学及Stata应用：第二版[M]．北京：高等教育出版社，2014．

[18] 陈雨露．人民币读本[M]．北京：中国人民大学出版社，2010．

[19] 崔冬，万晨．数字货币国际监管的发展动向及对我国的启示[J]．征信，2016，34(10)：62-64．

[20] 崔杰．人民币数字货币与境外数字货币对接的风险防范研究——基于人民币国际化视角[J]．财会通讯，2021(18)：143-146．

[21] 邓建鹏．ICO的风险与监管路径[J]．中国金融，2017(18)：30-32．

[22] 丁剑平，楚国乐．货币国际化的影响因子分析——基于面板平滑转换回归(PSTR)的研究[J]．国际金融研究，2014(12)：35-46．

[23] 董有德，谢钦骅．汇率波动对新兴市场国家资本流动的影响研究——基于23个新兴市场国家2000—2013年的季度数据[J]．国际金融研究，2015(6)：42-52．

[24]杜金富.货币与金融统计学[M].北京:中国金融出版社,2003.

[25]范小云,潘赛赛.国际资本流动理论的最新发展及其对中国的启示[J].国际金融研究,2008(9):61-67.

[26]范一飞.中国法定数字货币的理论依据和架构选择[J].中国金融,2016(17):10-12.

[27]范一飞.关于数字人民币M(0)定位的政策含义分析[N].金融时报,2020-09-14.

[28]冯彩.我国短期国际资本流动的影响因素——基于1994—2007年的实证研究[J].财经科学,2008(6):32-39.

[29]封思贤,杨靖.法定数字货币运行的国际实践及启示[J].改革,2020(5):68-79.

[30]弗里德里希·冯·哈耶克.货币的非国家化[M].北京:新星出版社,2007.

[31]傅钧文.国际资本流动的新特征及其影响[J].世界经济研究,2012(12):24-29+84.

[32]付英俊.数字货币Libra对跨境资本流动和外汇监管的影响[J].清华金融评论,2020(7):68-70.

[33]傅晓彤,陈思,张宁.基于代理的密码货币支付系统[J].通信学报,2017,38(7):199-206.

[34]樊云慧,栗耀鑫.以比特币为例探讨数字货币的法律监管[J].法律适用,2014(7):48-52.

[35]谷利泽,郑世慧,杨义先.现代密码学教程[M].北京:北京邮电大学出版社,2009.

[36]郭艳,王立荣,韩燕.金融市场中的区块链技术:场景应用与价值展望[J].技术经济,2017,36(7):110-116.

[37]何慧刚.资本账户开放、汇率制度与人民币国际化[J].社会科学辑刊,2007(3):133-138.

[38]胡滨,杨楷.监管沙盒的应用与启示[J].中国金融,2017(2):68-69.

[39]黄国平.数字人民币发展的动因、机遇与挑战[J].新疆师范大学学报,2022,43(1):55-64.

[40]黄益平.货币数字化将改变人民币国际化路径[J].中国总会计师,2021(1):10.

[41]黄志强.加快实现人民币资本项目可兑换的现实意义与基本思路[J].新视野,2014(3):77-80.

[42]霍宇辉.数字货币时代人民币国际化的机遇及路径选择[J].中国经贸导刊,2021(13):72-74.

[43]贾丽平.网络虚拟货币对货币供求的影响及效应分析[J].国际金融研究,2009(8):38-46.

[44]贾丽平.比特币的理论、实践与影响[J].国际金融研究,2013(12):14-25.

[45]约翰·格利,爱德华·肖.金融理论中的货币[M].上海:三联书店,1987.

[46]姜波克.人民币自由兑换和资本管制[M].上海:复旦大学出版社,1999.

[47]江春.产权、货币自由兑换与经济发展[M].武汉:武汉大学出版社,2003.

[48]江春.产权改革、人民币自由兑换与WTO[J].金融研究,2000(8):97-103.

[49]姜立文,胡明.比特币对传统货币理念的挑战[J].南方金融,2013(10):31-35.

[50]凯恩斯.货币论[M].北京:商务印书馆,1997.

[51]凯恩斯.就业、利息和货币通论[M].北京:商务印书馆,1999.

[52]肯尼斯·C.劳顿.管理信息系统(原书第15版)[M].黄丽华,俞东慧,译.北京:机械工业出版社,2020.

[53]李稻葵.人民币国际化道路研究[M].北京:科学出版社,2013.

[54]李稻葵,刘霖林.人民币国际化:计量研究及政策分析[J].金

融研究,2008(11):1-16.

[55]李建军,甄峰,崔西强.人民币国际化发展现状、程度测度及展望评估[J].国际金融研究,2013(10):58-65.

[56]李建军,朱烨辰.数字货币理论与实践研究进展[J].经济学动态,2017(10):115-127.

[57]李宏,钱利.人民币升值对中国国际资本流动的影响[J].南开经济研究,2011(2):16-27.

[58]李志杰,李一丁,李付雷.法定与非法定数字货币的界定与发展前景[J].清华金融评论,2017(4):28-31.

[59]林继肯.货币数量论[M].北京:中国金融出版社,2004.

[60]林薇.人民币国际化的现状、问题与推进措施[J].亚太经济,2021(5):32-36.

[61]刘东民,宋爽.数字美元稳定币将有利于维护美元国际地位[J].世界知识,2020(21):60-61.

[62]刘凯,李育,郭明旭.主要经济体央行数字货币的研发进展及其对经济系统的影响研究:一个文献综述[J].国际金融研究,2021(6):13-22.

[63]刘仁伍.资金跨境流动与货币政策[M].北京:社会科学文献出版社,2011.

[64]马骏.人民币走出国门之路:离岸市场发展与资本项目开放[M].北京:中国经济出版社,2012.

[65]马克思.1844年经济学哲学手稿[M].北京:人民出版社,2000.

[66]马克思.资本论(第1、2、3卷)[M].北京:人民出版社,2002.

[67]马克思,恩格斯.马克思恩格斯《资本论》书信集[M].北京:人民出版社,1976.

[68]马克思,恩格斯.马克思恩格斯全集(第4、12、13、26卷)[M].北京:人民出版社,1962.

[69]马克思,恩格斯.马克思恩格斯全集:第4卷[M].北京:人民

出版社，2016.

[70] 马歇尔. 货币、信用与商业[M]. 北京：商务印书馆，1997.

[71] 麦金农. 经济发展中的货币与资本[M]. 上海：上海三联书店，1988.

[72] 孟刚. 法定数字货币与人民币国际化[J]. 中国金融，2019(24)：31-33.

[73] 米尔顿·弗里德曼. 货币数量论研究[M]. 北京：中国社会科学出版社，2001.

[74] 穆杰. 央行推行法定数字货币DC/EP的机遇、挑战及展望[J]. 经济学家，2020(3)：95-105.

[75] 牛美英，渠基磊，广晓倩. 数字货币的发展对中央银行的影响及相应对策[J]. 今日财富(中国知识产权)，2021(10)：121-123.

[76] 潘英丽，吴君. 体现国家核心利益的人民币国际化推进路径[J]. 国际经济评论，2012(3)：99-109.

[77] 彭红枫，谭小玉. 人民币国际化研究：程度测算与影响因素分析[J]. 经济研究，2017，52(2)：125-139.

[78] 彭红枫，谭小玉，祝小全. 货币国际化：基于成本渠道的影响因素和作用路径研究[J]. 世界经济，2017，40(11)：130.

[79] 彭绪庶. 央行数字货币的双重影响与数字人民币发行策略[J]. 经济纵横，2020(12)：77-85.

[80] 蒲成毅. 数字现金对货币供应与货币流通速度的影响[J]. 金融研究，2002(5)：81-89.

[81] 戚聿东，刘欢欢，肖旭. 数字货币与国际货币体系变革及人民币国际化新机遇[J]. 武汉大学学报(哲学社会科学版)，2021，74(5)：105-118.

[82] 戚聿东，褚席. 数字经济视阈下法定数字货币的经济效益与风险防范[J]. 改革，2019，309(11)：52-62.

[83] 秦波，陈李昌豪，伍前红，等. 比特币与法定数字货币[J]. 密

码学报,2017,4(2):176-186.

[84]沙文兵,钱圆圆,程孝强,张玫.人民币国际化程度再评估及其影响因素研究[J].财贸研究,2020,31(12):19-35+84.

[85]上海新金融研究院课题组,钟伟,宋静.数字货币与金融技术监管的崛起[J].新金融评论,2017(6):1-26.

[86]盛松成,蒋一乐.央行数字货币才是真正货币[J].中国金融,2016(14):12-14.

[87]盛松成,张璇.虚拟货币本质上不是货币——以比特币为例[J].中国金融,2014(1):35-37.

[88]时寒冰.当次贷危机改变中国[M].北京:机械工业出版社,2009.

[89]石建勋,刘宇.法定数字人民币对人民币国际化战略的意义及对策[J].社会科学文摘,2021(9):4-6.

[90]司登奎,李小林,江春.央行外汇干预、投资者情绪与汇率变动[J].统计研究,2018(11):58-70.

[91]司登奎,江春,李小林.基于汇率预期与央行外汇干预的汇率动态决定:理论分析与经验研究[J].统计研究,2016,33(9):13-21.

[92]孙皓原.数字货币发展思考[J].中国金融,2016(16):80-81.

[93]唐长兵,杨珍,郑忠龙,等.PoW共识算法中的博弈困境分析与优化[J].自动化学报,2017,43(9):1520-1531.

[94]王朝阳,宋爽.一叶知秋:美元体系的挑战从跨境支付开始[J].国际经济评论,2020(2):5,36-55.

[95]王广谦.中央银行学(第3版)[M].北京:高等教育出版社,2011.

[96]王国松,杨扬.我国国际资本流动影响因素的实证研究[J].国际贸易问题,2006(5):100-107.

[97]王继业,高灵超,董爱强,等.基于区块链的数据安全共享网络体系研究[J].计算机研究与发展,2017,54(4):742-749.

[98]王琦.关于我国国际资本流动影响因素计量模型的构建和分析[J].国际金融研究,2006(6):64-69.

[99]王晟.基于区块链技术的法定货币控制权研究[J].上海金融,2017(1):23-26.

[100]王世华,何帆.中国短期国际资本流动:现状、流动途径和影响因素[J].世界经济,2007(7):12-19.

[101]王硕.区块链技术在金融领域的研究现状及创新趋势分析[J].上海金融,2016(2):26-29.

[102]王晓芳,杨永健.外汇储备、黄金储备和国际负债对人民币国际化的影响——基于VAR模型的实证分析[J].经济问题探索,2021(8):94-104.

[103]王孝松,刘韬,胡永泰.人民币国际使用的影响因素——基于全球视角的理论及经验研究[J].经济研究,2021,56(4):126-142.

[104]王旭,贾媛馨.数字化背景下的国际货币竞争及其对人民币国际化的启示[J].南方金融,2020(5):12-21.

[105]汪洋.发行法定数字货币的超越[J].中国金融,2016(21):69-70.

[106]汪洋.1994年以来中国的资本流动研究[J].国际金融研究,2004(6):67-73.

[107]王永红.数字货币技术实现框架[J].中国金融,2016(17):15-17.

[108]王永利.央行数字货币的意义[J].中国金融,2016(8):19-20.

[109]王元龙.人民币资本项目可兑换与国际化的战略及进程[J].中国金融,2008(10):36-39.

[110]维克塞尔.利息与价格[M].北京:商务印书馆,1997.

[111]温信祥,张蓓.数字货币对货币政策的影响[J].中国金融,2016(17):24-26.

[112]伍聪,赵然.政治如何在货币国际化中发挥作用?[J].政治经济学评论,2015(11):162-182.

[113]吴洪,方引青,张莹.疯狂的数字化货币——比特币的性质与启示[J].北京邮电大学学报(社会科学版),2013,15(3):46-50.

[114]吴蕴赟.央行法定数字货币与人民币国际化[J].现代商业,2021(3):121-123.

[115]向松炸.国际货币体系改革:思想和战略[J].国际货币评论,2010(1):4-25.

[116]肖鹞飞,肖婧莹.跨境贸易人民币结算问题研究——基于国际贸易结算货币选择理论的视角[J].广东金融学院学报,2012,27(5):100-114.

[117]谢平,刘海二.ICT、移动支付与电子货币[J].金融研究,2013(10):1-14.

[118]谢平,石午光.数字加密货币研究:一个文献综述[J].金融研究,2015(1):1-15.

[119]谢平,石午光.数字货币新论[M].北京:中国人民大学出版社,2019.

[120]谢星,封思贤.法定数字货币对我国货币政策影响的理论研究[J].经济学家,2019(9):54-64.

[121]休谟.论贸易平衡[M].北京:商务印书馆,1997.

[122]徐黎明,李靖.中美比特币市场溢出效应的实证研究[J].统计与决策,2016(13):156-159.

[123]徐奇渊,杨盼盼.人民币国际化,苦练内功不可少[N].人民日报,2014-07-10(023).

[124]徐忠,汤莹玮,林雪.央行数字货币理论探讨[J].中国金融,2016(17):33-34.

[125]亚当·斯密.国民财富的性质和原因的研究[M].北京:商务印书馆,2004.

[126] 杨惠昶, 肖辉, 赵严冬. 马克思的货币理论与电子货币[J]. 当代经济研究, 2008(8).

[127] 杨惠昶, 张强. 马克思对货币银行理论的创新——古典货币数量说批判[J]. 当代经济研究, 2007(3): 1-6.

[128] 杨晓晨, 张明. 比特币: 运行原理、典型特征与前景展望[J]. 金融评论, 2014(1): 38-53.

[129] 杨晓晨, 张明. Libra: 概念原理、潜在影响及其与中国版数字货币的比较[J]. 金融评论, 2019(4): 54-66.

[130] 杨小锋, 张春生. 数字货币发展与国际监管动态[J]. 时代金融, 2018(20): 12-13, 20.

[131] 杨延超. 论数字货币的法律属性[J]. 中国社会科学, 2020(1): 84-106.

[132] 姚前. 法定数字货币对现行货币体制的优化及其发行设计[J]. 国际金融研究, 2018(4): 3-11.

[133] 姚前. 中央银行数字货币原型系统实验研究[J]. 软件学报, 2018, 29(9): 2716-2732.

[134] 姚前. 理解央行数字货币: 一个系统性框架[J]. 中国科学: 信息科学, 2017(11): 1592-1600.

[135] 姚前, 汤荣玮. 关于央行法定数字货币的若干思考[J]. 金融研究, 2017(7): 78-85.

[136] 姚前. 法定数字货币的理论与技术逻辑: 货币演化及央行货币发行创新[J]. 比较, 2017(4): 179-196.

[137] 姚前. 中国法定数字货币原型构想[J]. 中国金融, 2016(17): 13-14.

[138] 尹继志. 人民币国际化进程中的资本账户开放[J]. 金融发展研究, 2013(3): 20-24.

[139] 喻辉, 刘建伟. 比特币区块链扩容技术研究[J]. 计算机研究与发展, 2017, 54(10): 2390-2403.

[140]余小林,蒲成毅.论"数字现金"[J].经济学家,2002(1):97-102.

[141]余永定.再论人民币国际化[J].国际经济评论,2011(5):7-13.

[142]袁磊,耿新.私人数字货币与资本流出——以比特币为例的研究[J].国际金融研究,2020(6):14-24.

[143]袁磊,潘海峰.数字货币与资本外逃:研究进展、典型事实与潜在威胁[J].山东财经大学学报,2020,32(3):58-66.

[144]袁勇,王飞跃.平行区块链:概念、方法与内涵解析[J].自动化学报,2017,43(10):1703-1712.

[145]约翰·穆勒.政治经济学原理[M].北京:商务印书馆,1997.

[146]张方国,张福泰,王育民.多银行电子现金系统[J].计算机学报,2001,24(5):455-462.

[147]张津.人民币国际化的含义及发展途径探究[J].经济研究导刊,2017(11):125-126.

[148]张景智."监管沙盒"制度设计和实施特点:经验及启示[J].国际金融研究,2018(1):57-64.

[149]张明,肖立晟.国际资本流动的驱动因素:新兴市场与发达经济体的比较[J].世界经济,2014,37(8):151-172.

[150]张燕生,贺力平."不可能三角"再探讨[M].北京:中国商务出版社,2011.

[151]张宇燕,张静春.货币的性质与人民币的未来选择——兼论亚洲货币合作[J].当代亚太,2008(2):9-43.

[152]张正鑫,赵岳.央行探索法定数字货币的国际经验[J].中国金融,2016(17):28-30.

[153]张之乐.以区块链技术促进纳税遵从的设想[J].税务研究,2017(12):108-111.

[154]赵庆明.人民币资本项目可兑换及国际化研究[M].北京:中国

金融出版社，2005.

[155]张明．中国面临的短期国际资本流动：不同方法与口径的规模测算[J]．世界经济，2011，34(2)：39-56.

[156]周八骏．第六讲 国际资本流动与国际金融政策[J]．亚太经济，1987(6)：67-74.

[157]周边，黄叶苨，周舒鹏．法定数字货币与商业银行绩效[J]．国际金融研究，2021(10)：56-66.

[158]周光友，施怡波．互联网金融发展、电子货币替代与预防性货币需求[J]．金融研究，2015(5)：67-82.

[159]周金黄．民间数字货币与法定数字货币[J]．中国金融，2017(18)：83-84.

[160]周瑞珏．区块链技术的法律监管探究[J]．北京邮电大学学报（社会科学版），2017，19(3)：39-45.

[161]周小川．人民币资本项目可兑换的前景和路径[J]．金融研究，2012(1)：1-19.

[162]周小川，谢平，等．走向人民币可兑换[M]．北京：经济管理出版社，1993.

[163]周宇．论人民币国际化的两难选择[J]．世界经济研究，2012(11)：22-28.

[164]朱超，林博，张林杰．全球视角下的人口结构变迁与国际资本流动[J]．国际金融研究，2013(2)：26-36.

[165]朱晨之，庄尚文．我国数字货币发行：意义、特征及问题探讨[J]．商业经济研究，2021(20)：168-171.

[166]庄雷，赵成国．区块链技术创新下数字货币的演化研究：理论与框架[J]．经济学家，2017(5)：76-83.

[167]祝烈煌，高峰，沈蒙，等．区块链隐私保护研究综述[J]．计算机研究与发展，2017，54(10)：2170-2186.

英文文献

[1] Aguiar-Conraria L, Azevedo N, Soares M J. Using wavelets to decompose the time-frequency effects of monetary policy[J]. Physica A: Statistical Mechanics and its Applications, 2012, 387(12): 2863-2878.

[2] Luís Aguiar O, Soares M J. The continuous wavelet transform: Moving beyond uni- and bivariate analysis[J]. Journal of Economic Surveys, 2014, 28(2): 344-375.

[3] Albert J. What's next for blockchain: Technology, economics and regulation[J]. EU Policy Blog, 2016(20).

[4] Ali R, Barrdear J, Clews R, et al. Innovations in payment technologies and the emergence of digital currencies[J]. Bank of England Quarterly Bulletin, 2014(54): 262-275.

[5] Ali R, Bardear J, Clews R, et al. The economics of digital currencies[J]. Bank of England Quarterly Bulletin, 2014(54): 276-286.

[6] Alstyne V, Marshall. Why bitcoin has value[J]. Communications of the Acm, 2014, 57(5): 30-32.

[7] Anh D T, Zhang M, Ooi B C, et al. Untangling blockchain: A data processing view of blockchain systems[J]. IEEE Transactions on Knowledge & Data Engineering, 2017(99): 1.

[8] Bloomfield D S, McAteer R J, Lites B W, Judge P G, et al. Wavelet phase coherence analysis: Application to a quiet-sun magnetic element[J]. The Astrophysical Journal, 2004, 617(1): 623.

[9] B Eichengreen. The renminbi as an international currency[J]. Journal of Policy Modeling, 2011, 33(5).

[10] Back A. Hashcash: A denial of service counter-measure[J]. Social Science Electronic Publishing, 2002, 57(5): 30-32.

[11] Barrdear J, Kumhof M. The macroeconomics of central bank issued digital currencies[R]. Bank of England, 2016: 92.

［12］Bartos J. Does Bitcoin follow the hypothesis of efficient market? [J]. International Journal of Economic Sciences, 2015, 4(2): 10-23.

［13］Bech M L, Garratt R. Central bank cryptocurrencies[J]. BIS Quarterly Review, 2017: 55.

［14］Ben F, Hanna H. Central bank digital currencies: A framework for assessing why and how [R]. Bank of Canada Staff Discussion Paper. ISSN 1914-0568, November 2016.

［15］Ben-Sasson E, Chiesa A, Tromer E, et al. Succinct non-interactive zero knowledge for a von Neumann architecture[C]// Proceeding of the 23rd USENIX conference on Security Symposium. 2014: 781-796.

［16］Bjerg O. Designing new money-the policy trilemma of central bank digital currency[J]. Social Science Electronic Publishing, 2017: 57.

［17］Bissessar S. Opportunities and risks associated with the advent of digital currency in the Caribbean[J]. Studies & Perspectives-Eclac Subregional Headquarters for the Caribbean, 2016, 46: 61.

［18］Bordo M D, Levin A T. Central bank digital currency and the future of monetary policy[R]. National Bureau of Economic Research, 2017.

［19］Bouri E, Gilalana L A, Gupta R, et al. Modelling long memory volatility in the bitcoin market: Evidence of persistence and structural breaks [R]. Working Papers, 2016.

［20］Carlson J. Cryptocurrency and capital controls [R]. Working Paper, 2016.

［21］Carolyn A Wilkins. Discussion of "designing central bank digital currency" by Agur, Ari and Dell'Ariccia[J]. Journal of Monetary Economics, 2022, 125: 80-84.

［22］Chaum D. Blind signatures for untraceable payments[C]. Advances in cryptology. Springer, Boston, MA, 1983: 199-203.

［23］Chey H. The concepts, consequences, and determinants of our-rency internationalization[R]. National Graduate Institute for Policy Studies, 2013.

[24] Chinn M D, Frankel J A. The euro may over the next 15 years surpass the dollar as leading international currency[R]. National Bureau of Economic Research, 2008.

[25] Chinn M, Frankel J A. Will the euro eventually surpass the dollar as leading international reserve currency?[M]. Chicago: University of Chicago Press, 2007: 283-338.

[26] Cohen B J. The future of sterling as an international currency[M]. New York: St, 1971.

[27] Dai W. B-money[J]. Consulted, 1998(1): 2012.

[28] Donier J, Bouchaud J P. Why do markets crash? Bitcoin data offers unprecedented insights[J]. Plos One, 2015, 10(10).

[29] Dwyer G P. The economics of bitcoin and similar private digital currencies[J]. Journal of Financial Stability, 2015(17): 81-91.

[30] Duffield E, Hagan K. Darkcoin: Pee to peer cryp to currency with anonymous blockchain transactions and an improved proof of work system[J]. Bitpaper. info, 2014, 42: 80-84.

[31] Dyson B, Hodgson G. Digital cash: Why central banks should start issuing electronic money[J]. Positive Money, 2016: 30-32.

[32] Engert W, Fung B S C. Central bank digital currency: Motivations and implications[R]. Bank of Canada Staff Discussion Paper, 2017.

[33] European Central Bank. Virtual currency schemes[R]. Working Papers, 2012.

[34] Feldstein M, Horioka C. Domestic savings and international capital flows[R]. National Bureau of Economic Research, 1979.

[35] Fernandez-Villaverde J, Sanches D. Can currency competition work?[R]. National Bureau of Economic Research, 2016: 22157.

[36] Fischer S. Friedman versus hayek on private money: Review essay

[J]. Journal of Monetary Economics, 1986, 17(3): 433-439.

[37] Frankel J. Historical precedents for internationalization of the RMB [C]. A Council on Foreign Relations/China Development Research Foundation Symposium, The Future of the International Monetary System and the Role of the Renminbi, Beijing, 2011.

[38] Freeman C, Perez C. Structural crises of adjustment: Business cycles[J]. Technical Change and Economic theory. Londres: Pinter, 1988: 38-66.

[39] G Gopinath, J C Stein. Banking, trade, and the making of a dominant currency[R]. NBER Working Paper, 2018.

[40] Gans J S, Halaburda H. Some economics of private digital currency [M]//Economic Analysis of the Digital Economy[J]. University of Chicago Press, 2015: 257-276.

[41] Gao Haihong, Yu Yongding. Internationalization of the RenMinBi, a chapter in currency internationalization: Lessons from the global financial crisis and prospects for the future in Asia and the Pacific[J]. Bank for International Settlements, 2011: 105-124.

[42] Goldberg L S, Tille C. Vehicle currency use in international trade [J]. Journal of International Economics, 2008, 76(2): 177-192.

[43] Gouveia O, Santos E D, Lis S F D, et al. Central Bank Digital Currencies: assessing implementation possibilities and impacts[R]. Working Papers, 2017.

[44] Grinberg R. Bitcoin: An innovative alternative digital currency[J]. Hastings Sci. & Tech. LJ, 2012(4): 159.

[45] Guo J, Chow A. Virtual Money Systems: A Phenomenal Analysis [C]. 2008 10th IEEE Conference on E-Commerce Technology and the Fifth IEEE Conference on Enterprise Computing, E-Commerce and E-Services, 2008: 267-272.

[46] Gupta S, Lauppe P, Ravishankar S. A blockchain-backed central bank cryptocurrency[R]. Dept. of Computer Science Yale University, 2017.

[47] Haldane A G. How low can you go[J]. Speech Delivered at the Port a down Chamber of Commerce, 2015.

[48] Hartmann P, Philipp H. Currency competition and foreign exchange markets: The dollar, the yen and the euro[M]. Cambridge University Press, 1998: 10-15.

[49] Hatemi-j A. Asymmetric causality tests with an application[J]. Empirical Economics, 2012, 43(1): 447-456.

[50] Huang Y, Wang D, Fan G. Paths to a reserve currency: internationalization of the renminbi and its implications[R]. Working Papers, 2014.

[51] James Chapman. Discussion of "The macroeconomics of central bank digital currencies"[J]. Journal of Economic Dynamics & Control, 2022, 142: 104-149.

[52] J Barrdear, M Kumhof. The macroeconomics of central-bank-issued digital currencies[R]. Staff Working Paper, 2016.

[53] John Barrdear, Michael Kumh. The macroeconomics of central bank digital currencies[J]. Journal of Economic Dynamics & Control, 2022, 142: 104-148.

[54] Jonathan B Turpin. Bitcoin: The economic case for a global, virtual currency operating in an unexplored legal framework[J]. Indiana Journal of Global Legal Studies, 2014, 21(1): 335-368.

[55] Katsiampa P. Volatility estimation for bitcoin: A comparison of GARCH models[J]. Economics Letters, 2017(158): 3-6.

[56] Kazuyuki Inagaki. How are the international capital flows of rapidly aging countries affected by the elderly working longer?[J]. Economic Modelling, 2021, 97: 285-297.

[57] Keister T, Sanches D R. Should central banks issue digital currency?

[J]. The Review of Economic Studies, 2023, 90(1): 404-431.

[58] Kenen, Peter B. International money and macroeconomics[C]. K A Elliott and J. Williamson J. World Economics Problems, Institute for International Economics, Washington, 1988.

[59] Keynes J M. A treatise on money[M] Nature, 1931, 127: 919-920.

[60] Kirchner S. Digital What? Electronic money and the future of australia's financial system[J]. Agenda A Journal of Policy Analysis & Reform, 1996, 3(4): 523-528.

[61] Kocherlakota N R. Money is memory[J]. Journal of Economic theory, 1998, 81(2): 232-251.

[62] Koning J. Fedcoin: A central bank-issued Cryptocurrency[J]. R3 Report, 2016, 15: 104-149.

[63] Koop G, Korobilis D. Forecasting inflation using dynamic model averaging[J]. International Economic Review, 2012, 53(3): 867-886.

[64] Kouri P J K, Porter M G. International capital flows and portfolio equilibrium[J]. Journal of Political Economy, 1974, 82(3): 443-467.

[65] Kraus P. Digital currency: Risks, rewards and investigative techniques[D]. Utica College, 2017.

[66] Kuo Chuen D, Guo L, Wang Y. Cryptocurrency: A New Investment Opportunity? [J]. 2017. Journal of Alternative Investments. 2018, 20(3): 16-40.

[67] Kurien J, Geoxavier B Y. The political economy of international finance: A revised roadmap for renminbi internationalization[J]. Yale Journal of International Affairs. Retrieved April, 2020, 5(2021): 163-181.

[68] Kurihara Y, Fukushima A. The market efficiency of bitcoin: A weekly anomaly perspective[J]. Journal of Applied Finance and Banking, 2017, 7(3): 57.

[69] Kuzuno H, Karam C. Blockchain explorer: An analytical process

and investigation environment for bitcoin[C]//Electronic Crime Research (eCrime), 2017 APWG Symposium on. IEEE, 2017: 9-16.

[70]Lo S, Wang J C. Bitcoin as money?[J]. Current Policy Perspectives, 2014, 80: 105-124.

[71] Mandler M, Scharnagl M. Money growth and consumer price inflation in the euro area: A wavelet analysis[J]. 2014, 125: 80-84.

[72]Markowitz Harry M. Portfolio Selection[J]. Journal of Finance, 1952, 7(1): 77-91.

[73]Meade. The balance of payments[M]. Oxford University Press, 1956.

[74]M Chinn, J A Frankel. Will the euro eventually surpass the dollar as leading international reserve currency?[R]. NBER Working Paper, 2005.

[75] M K Brunnermeier, H James, J Landau. The digitalizaiton of Money[R]. NBER Working Paper, 2019.

[76] Michael D Bordo, Andrew T Levin. Central bank digital currency and the future of monetary policy[R]. NBER Working Paper Series, 2017.

[77]Miers I, Garman C, Green M, et al. Zerocoin: Anonymous distributed e-cash from bitcoin[A]. IEEE Symposium on Security and Privacy (S&P), 2013.

[78]Min Z, Deng F. Evolutionary dynamics of an asymmetric game between a supplier and a retailer[C]//Advances in natural computation, second international conference, Icnc 2006, Xi'an, China, September 24-28, 2006 Proceedings. DBLP, 2006: 466-469.

[79]Mishkin F S. Money, Interest rates and inflation[J]. Boks, 1993, 274-335.

[80]Mundell R A. The international financial system and outlook for Asian currency collaboration[J]. The Journal of Finance, 2003, 58(4): 3-7.

[81]Nwogugu M C I. International capital flows, complexity and the illegality of the'sharing economy'and digital currencies[J]. Complexity and the Il-

legality of the'Sharing Economy'and Digital Currencies, 2017, 35: 81-96.

[82]Primiceri G E. Time varying structural vector autoregressions and monetary policy[J]. The Review of Economic Studies, 2005, 72(3): 821-852.

[83]P Carl Mullan. What is digital currency[M]. The Digital Currency Challenge: Shaping Online Payment Systems through US Financial Regulations. Palgrave Macmillan US, 2014: 4-13.

[84]Park Y C, Song C Y. RMB internationalization: Prospects and implications for economic integration in east asia[J]. Asian Economic Papers, 2011, 10 (3): 42-72.

[85] Pietersg C. Bitcoin reveals unofficial exchange rates and detects capital controls[R]. Working Paper, 2016.

[86]R A Mundell. A theory of optimum currency areas[J]. The American Economic Review, 1961, 51(4).

[87]Raphael Auer, Giulio Cornelli and Jon Frost. Rise of the central bank digital currencies: Drivers, approaches and technologies[R]. BIS Working Papers, 2020(880).

[88]S D'Amiano, G D Crescenzo. Methodology for digital money based on general cryptographic tools[C]// The workshop on the theory and application of cryptographic techniques [J]. Springer Berlin Heidelberg, 1994: 156-170.

[89] Scoot Gilbert, HioLoi. Digital currency risk [J]. International Journal of Economics and Finance, 2018, 10(2): 108-123.

[90]Sheila Dow. Monetary reform, central banks and digital currencies [J]. Department of Economics, University of Victoria, 2018(5): 14-19.

[91]Shin Y, Yu B, Greenwood–Nimmo M. Modelling asymmetric cointegration and dynamic multipliers in a nonlinear ARDL framework[J]. In Festschrift in Honor of Peter Schmidt, 2014, 52: 281-314.

[92]Taylor A M. The future of international liquidity and the role of China

[J]. Journal of Applied Corporate Finance, 2013, 25(2): 86-94.

[93]Torrence C, Compo G P. A practical guide to wavelet analysis[J]. Bulletin of the American Meteorological Society, 1998, 79(1): 61-78.

[94] Tung C, Wang G and Yeh J. Renminbi internationalization: Progress, prospect and comparison[J]. China and World Economy, 2012, 20(5): 63-82.

[95]Turner P. Capital flows in the 1980s: A survey of major trends[R] Bank for international settlements, 1991.

[96] Walter Engert & Ben Fung. Central bank digital currency: Motivations and implications[R]. Bank of Canada Staff Discussion Paper 17-16. ISSN 1914-056, 2017.

[97]Xiaolin Lu. Dynamic correlations between real estate prices and international speculative capital flows: An empirical study based on DCC-MGARCH method[J]. Procedia Computer Science, 2016(91): 422-431.

[98] Zhang M. Internationalization of the Renminbi: Developments, problems and influences[J]. Series on New Thinking and the New G, 2015(20).

附 录

附录A 雄安新区数字人民币潜在涉外支付应用场景

当前,雄安新区正在加快数字经济和数字政府建设,全面打造智能化的数字之城,作为首批数字人民币的试点地区,雄安新区已在"数字人民币(DC/EP)推动人民币国际化"实践方面取得了很多宝贵经验,并正在以全域物联、块数据、云中心为基础,开发面向多类用户需求的、更多的涉外支付应用场景,潜在的典型应用场景如下。

一、潜在典型应用场景

以数字人民币(DC/EP)为主线,在雄安基础设施和项目已有技术基础上,可开发五个典型场景应用,同时为制度规范的建立积累数据、技术、应用、政策的治理经验。

(一)基础设施层(最底层)

在围绕数字人民币(DC/EP)场景应用的整个项目中,基础设施层是最底层的设施保障,将主要基于雄安云、块数据和物联网等基础设施。

(二)技术服务层(基础设施的上一层)

也就是中间层,可信数据链,主要以可信数据交换技术为核心。

(三)场景应用层(技术服务层的上一层)

也就是最顶层,包括涉外支付、SIM卡钱包、定向资金管理、知识产权交易和应急资金资源动员与支付五大应用场景。

（四）制度规范

服务和管理基础设施层、技术服务层和场景应用层的相关政策、制度、业务标准和技术标准，充分保障数字人民币（DC/EP）的高效流通，进而最大程度发挥其改善金融生态、经济和社会等方面的作用（见图 A.1）。

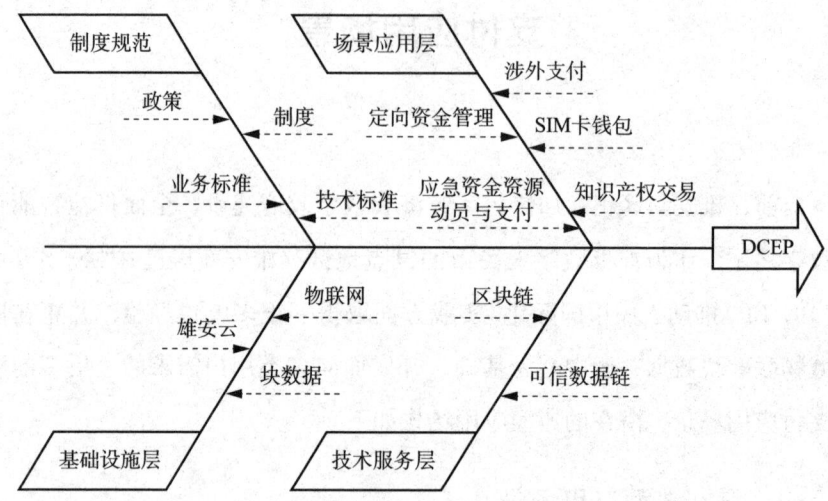

图 A.1 数字人民币（DC/EP）典型应用场景

二、涉外支付场景

高度国际化的雄安新区通过数字人民币（DC/EP）为境外公民、境外专家和境外企业提供境内便捷金融服务，同时为本地公民的涉外汇款提供快速支付服务。

（一）业务功能

通过广义账户打通数字人民币（DC/EP）与 VISA、Master Card、American Express 等国际主流信用卡的流通渠道，保障境外公民在境内的工资报酬领取、旅游消费支付、个人转账、生活缴费、交通出行等在不同币种间的便捷兑换。

（二）服务对象

服务对象包括：在我国长期工作或居住的境外公民、短期在中国境内旅行的境外公民、有跨境支付需求的境外专家和境外企业以及有跨境支付需求的我国公民。

（三）服务模式

针对长期或中长期定居或工作在境内的境外公民，建立薪酬发放、跨境汇款、线下购物、生活缴费、交通出行等领域的移动金融服务；针对短期旅游或访问的境外专家和境外公民，提供境内便捷金融服务，让境外公民从机场落地时即可使用 SIM 卡钱包，打通与 VISA、Master Card、American Express 等国际主流信用卡的流通渠道，保障境外公民在入境后的劳务报酬领取、旅游消费支付、个人转账等的无缝连接；针对国内公民的境外转账需求，提供基于数字人民币（DC/EP）的快速支付服务。

附录 B 名词术语

AIArtificial Intelligence 人工智能

AML Anti-Money Laundering 反洗钱

ATE Against Tax Evasion 反逃税

Account-based 基于准账户

BIS Bank for International Settlements 国际清算银行

Block-chain 区块链

BOC Bank of Canada 加拿大中央银行

BoEBank of England 英格兰银行(英国中央银行)

Bank of Korea 韩国银行(韩国中央银行)

BOT Bank of Thailand 泰国央行

CNYChina Yuan 国际标准化组织(ISO)分配给中国币种(人民币)的符号

CBDC Central Bank Digital Currency 央行数字货币

CHIPS Clearing House Interbank Payment System(纽约)清算所银行同业支付系统

CIPSCross-border Interbank Payment System(人民币)跨境银行间支付系统

Cloud computing 云计算

CTFCombating Terrorist Financing 反恐融资

DC/EP Digital Currency and Electronic Payment 数字货币及电子支付

DCIthe Digital Currency Institute(中国央行)数字货币研究所

Digital Dollar 数字美元

Digital Euro 数字欧元

DLT Distributed Ledger Technology 分布式账本技术

DVP Delivery Versus Payment 付款交货

ECB European Central Bank 欧洲央行

EDC Ecuador digital currency 厄瓜多尔币

Edge computing 边缘计算

Electronic Currency 电子货币

FDIC Federal Deposit Insurance Corporation 美国政府的联邦存款保险公司

HKMA Hong Kong Monetary Authority 香港金融管理局

IoT Internet of Things 物联网

MAS Monetary Authority of Singapore 新加坡金融管理局

PBOC People's Bank Of China 中国人民银行

PoC Proof of Concept 概念验证

PoW Proof of Work 工作量证明

Quasi-account-based 基于账户

RBA Reserve Bank of Australia 澳大利亚储备银行（澳大利亚中央银行）

Retail CBDC 零售型央行数字货币（CBDC）

RII RMB Internationalization Index 人民币国际化指数

RMB RenMinBi 人民币汉语拼音缩写

RTGS Real Time Gross Settlement 实时全额结算

SGD Singapore Dollar 新加坡元

SWIFT Society for Worldwide Interbank Financial Telecommunications 环球同业银行金融电讯协会

Value-based 基于价值

Virtual Currency 虚拟货币

Wholesale CBDC 批发型央行数字货币（CBDC）

后 记

本书的写作源于我早期对比特币(数字货币)、区块链的研究，始于2019年我参与中国的数字人民币首批"4+1"试点地区的方案设计，成于2020年(数字人民币元年)。在此后数字人民币高速发展的2年多时间内，我持续跟踪国内国际央行数字货币理论研究、实证研究和应用研究(各类应用案例)，不断补充完善，数易其稿，终于与读者见面，顿有如释重负之感，亦颇觉欣慰！

掩卷长思，感念的是，写作中得到了大量相关单位及其领导、院士、专家学者和从业人员们的支持，出版、发行和推广中得到了中国经济出版社的诸多领导的鼎力相助，责任编辑贺静老师，对本书出版过程的顺利进行做出了重要贡献，特此一并感谢！

为了感谢各方一直以来的期待与关注，本着让学者(研究人员)、金融从业人员(含金融科技服务提供者)、政府机关工作人员以及关注数字人民币的社会公众等都能至少部分读懂和受益的原则，本书采用"理论研究+计量研究+应用研究"的结构：理论和应用研究，适合政府机关工作人员，其中全球央行数字货币研究的内容，对顶层设计具有一定的参考价值；理论和计量研究，适合学者(研究人员)，可以为其进一步的研究提供研究视角；应用研究，适合金融从业人员、社会公众阅读。随着数字人民币再迎大规模试点、试点应用范围快速扩大，数字人民币将全面步入大众生活，数字人民币的热度将不断攀升，愿本书对您有所裨益。

沈春明

2023年1月17日于北京